서울 강남의 옛 문화

역삼동 주거지의 원위치 탐구

– 해수면(海水面) 상승(上昇)과 청동기시대문화와의 관계 –

이 형 구 지음

태 양

자 서(自 序)

서울 사람들은 강남에 현대 문화만 있는 것 같이 생각하고 있다. "로마(Roma)는 하루아침에 이루어지지 않았다"고 하는 말이 있듯이 서울도 하루아침에 이루어지지 않았다. 그것은 '서울 강남' 이 세계적인 도시가 되기까지 하루아침에 이루어지지 않았다는 말과도 통한다.

우리는 한강유역의 인류문화에 대하여 크게 주목하지 않았다. 특히 강남구 도곡1동 161-2번지(구 지번은 역삼동 산 21-1) 매봉산 중턱에 청동기시대의 '역삼동(驛三洞) 주거지' 가 발굴되었다고 하는 사실을 까맣게 잊고 있었다. 이 유적은 광주(廣州)평원의 중심부인 매봉산 해발 96m의 야산 중턱에 동남향으로 대모산, 남쪽에 구룡산을 바라보면서 자리 잡고 있다. 지하철 3호선 매봉역 2번 출구로 나오면 북쪽으로 낮은 야산이 보인다. 이 산이 바로 매봉산 이다. 여기에 청동기시대 '역삼동 주거지 '가 있다

오늘날 우리나라의 청동기시대의 대표 유적 중 하나인 '역삼동(驛三洞) 주거지' 유적이 서울의 강남구 도곡동(道谷洞) 매봉산 '도곡근린공원' 에 있었다고 하는 사실을 재인식하게 된 것은 강남지구 뿐 아니라 서울의 전통성을 찾아내는 또 하나의 중요한 작업이다.

한강유역 강남지구는 일찍이 농경지로 가장 좋은 조건을 갖춘 지방이다. 신석기시대로부터 청동기시대를 거쳐 철기시대에 이르는 동안 광주평원(廣州平原)을 무대로 농경활동을 영유하였다. 신석기시대의 서울 강남지구 암사동유적이나 미사리유적의 인류들의 집단 취락이 형성되었던 사실이 밝혀졌고, 명일동, 가락동, 역삼동 등에서 청동기시대의 생활유적인 주거지를 남기고 있다. 또한 주검의 지하세계인 고인돌무덤을 고덕동, 개포동, 양재동, 우면동, 원지동 등지에 남겼다.

청동기시대에 오면서 기후변화의 영향으로 서해의 해수면(海水面)이 상승하게 되자 생활터전을 인근 고지대와 한강상류로 이주하였다. 철기시대에 이르러 다시 해수면이 하강(下降)하게 되므로 한강하류로 이동하게 된다. 이들은 하남 미사리, 송파 풍납동 등지에서 철기시대의 문화를 남겼다. 그리고 이들은 광주 평원의 한강 가에 나라를 일으키게 되는데 이 나라가 바로 백제(百濟)이다. 백제는 풍납토성(위례성)을 중심으로 500년 동안 나라를 다스렸다. 그래서 풍납토성을 위시해서 몽촌산성, 삼성동산성, 대모산성 그리고 석촌동고분, 가락동고분, 방이동고분 등이 남아 있다.

현대문명의 발달과 더불어 고대 인류들의 문화적인 발자취는 점점 사라져 가고 있

다. 서울의 도시 팽창은 일찍부터 한강유역에 자리 잡고 살아왔던 인류들의 삶의 흔적을 많이 밀어내고 있었다. 그 대표적인 예가 강남지역의 초기백제 유적이다. 최근에 시민과 정부의 보존 의지가 확산되어 많이 살아나고 있지만 가락동 주거지나 가락동 고분군은 그 흔적조차 없어졌다. 그 뿐만 아니라 강남구 매봉산 '역삼동 주거지' 의 위치를 분명히 찾아내지 못하고 있었다. 필자는 역삼동 주거지의 원위치(原位置)를 찾기를 십 수년. 마침내 그 원래의 위치를 확인하였다.

본 저서의 근본적인 저작 목적은 역삼동 청동기시대 유적을 보존하기 위한 작업이다. 먼저 제Ⅰ부에 강남지구의 전반적인 역사 문화의 이해를 돕고자 "강남의 옛 문화"를 전재(前載)하였다. 제Ⅱ부에는 역삼동 주거지의 '잃어버린 원위치' 를 탐색하는 과정을 중심으로 서술하여 "역삼동 주거지의 원위치 탐구"를 편성하였다. 관계기관의 역삼동 주거지를 보존하기 위한 적극적인 대책을 마련하기를 촉구하였다.

그리고 제Ⅲ부 논고(論考)에서는 저자가 오랜동안 의문을 갖고 있었던 해수면(海水面)의 변동과 청동기시대문화와의 관계를 서술하였다.

'역삼동 주거지' 를 다시 재론할 수 있도록 기회를 마련해 준 강남문화원 권용태 전 원장, 최병식 현 원장, 김순철 전 사무국장과 본 탐사연구를 수행하는데 협조해 준 동국대학교 정명호 교수, 신라대학교 안춘배 교수, 동아시아고대학회 김경숙 여사 그리고 고 임병태 교수 미망인 우영래 여사와 숭실대학교 박물관에 감사한다. 끝으로 어려운 출판을 맡아준 태양의 강경민 사장과 편집실 여러분에게 심심한 감사를 표하며 아울러 황인준 군이 현장 탐사에 수행하느라 노고가 많았음을 밝혀둔다.

2017. 10. 10.

저자 이형구 씀

목차

I 부 옛 文化

강남(江南)의 옛 문화

Ⅱ부 探求

역삼동(驛三洞) 주거지의 원위치(原位置) 탐구

Ⅲ부 論考

해수면(海水面) 상승(上昇)과 청동기시대문화와의 관계

[원색사진 1] 서울 강동구 사적 제267 암사동선사주거지의 복원된 움집(뒤는 암사동유적전시관)

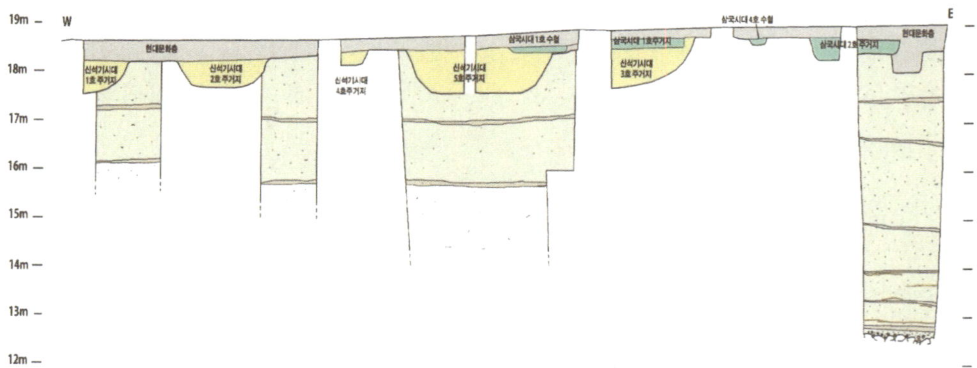

[원색도면 1] 암사동 유적의 해발고도와 단면도(한양대, 2016)

[원색사진 2] 하남시 미사리 선사유적지의 퇴적층 구조. 하부는 굵은 자갈로 구성된 단구(段丘)퇴적이며 상부는 모래나 실트 등으로 구성되어 있는 홍수범람 퇴적층이다.(『미사리』1, 1994, p.663)

[원색사진 3] 하남시 사적 제269 미사리선사유적의 안내물. 한강 제방 왼쪽의 사적지 위에 농원 건물이 보인다.(2017.11)

[원색사진 4] 암사동 출토 빗살무늬토기
(국립중앙박물관)

[원색사진 5] 서울 삼성동 영동차관아파트 부지 출토 빗살무늬토기 편(상명대 박물관)

[원색사진 6] 춘천 중도유적 C구역 출토 원저심발형토기(좌) 돌대각목문토기(좌2) 발형토기(좌3 · 4, 문화재청, 2014)

[원색사진 7] 하남시 미사리 A지구 출토 돌대각목문토기 편 각종 및 공열문토기 편(우 하, 『미사리』5, 1994)

[원색사진 8] 하남시 미사리 A-7호 주거지 출토 구순각목 공열문토기 (『미사리』4, 1994)

[원색지도 1] 서울 강남구 도곡동 매봉산 근린공원 내 실내 배드민턴장(중앙이 역삼동 주거지)과 할머니 배드민턴장(좌 하)

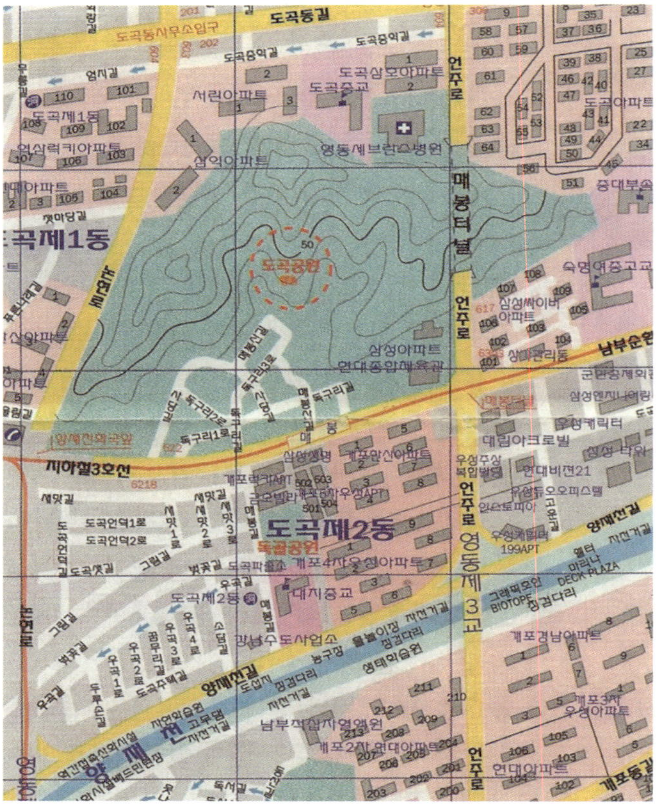

[원색지도 2] 서울 강남구 도곡동 매봉산 일대 지도(붉은 점선이 역삼동 주거지)

[원색사진 9] 서울 강남구 도곡동 근린공원 내 역삼동 주거지 안내판(앞 좌)과 실내 배드민턴장(록색 건물)

[원색사진 10] 서울 강남구 도곡동 근린공원 내 우물(왼쪽 수도꼭지)과 역삼동 주거지(후면 실내 배드민턴장)

[원색사진 11] 서울 강남구 역삼동 주거지 출토 석기 각종(숭실대 박물관)

[원색사진 12] 서울 강남구 역삼동 주거지 출토 구순각목공열문토기(숭실대 박물관)

[원색사진 13] 서울 강남구 역삼동 주거지 원경(흰색 아파트 뒤)

[원색사진 14] 서울 강남구 도곡동 매봉산 정상

[원색사진 15] 서울 강남구 도곡동 매봉산 할머니 배드민턴장

[원색사진 16] 서울 강남구 도곡동 매봉산 LG 배드민턴장

[원색사진 17] 서울 강남구 대모산성 원경

[원색사진 18] 서울 강남구 대모산성 출토 점토대토기 편(한양대 박물관)

[원색사진 19] 서울 송파구 풍납토성 동성벽 발굴 장면(1999.10)

[원색사진 20] 서울 송파구 몽촌산성 북문 내 '내성농장' 부지 발굴 장면(백제학연구소, 2016)

제 I 부 옛 文化

강남(江南)의 옛 문화

차례

머리글

서울에는 1970년에 면목동에서 구석기가 발견된 것을 시작으로 강동구 고덕동. 암사동, 강남구 역삼동과 송파구 가락동 등지에서 구석기시대의 유물이 지표에서 채집 보고 되었다. 한강유역에 신석기시대의 유적이 70곳에 가까운 많은 유적들이 평지에 알려지고 있다. 반면, 청동기시대에는 강남지역의 명일동, 가락동, 역삼동 등의 야산에 주거지 유적 몇기만을 남기고 있다. 그리고 고덕동, 개포동 양재동, 우면동, 원지동 등 구릉지역에서는 고인돌무덤을 남겼다. 이들 지역에는 철기시대에도 계속 인류 문화의 유적을 남기고 있다. 이런 역사 위에 한강유역에서 백제(百濟)가 건국되었고 강남지역은 500년간 도읍하였던 것이다.

오늘날의 강남구 지역은 조선시대에는 광주군 구천면, 대왕면 일부와 언주면 전역 및 과천구 상북면 · 동면지역이었으나 1963년 1월 1일 서울특별시에 편입되었다. 1973년 7월 1일 성동구 영동출장소가 신설되었고, 1979년 10월 1일 행정구조정으로 출장소가 폐쇄되고, 탄천을 경계로 강동구가 분리되었다. 1988년 1월 1일 강남구에서 서초구가 분리되어 오늘에 이르고 있다.

서울 강남지구는 한강 하류의 충적지대로 예로부터 매우 비옥한 농경지대로서 이리 인류의 정치 문화적인 중요한 요충지대이기도 하다. 이는 광주평원 북동쪽 한강 남안의 암사동 신석기시대 대단위 주거지 집락과 빗살무늬토기 문화가 그 첫 번째 증거이다. 청동기시대에는 해수면(海水面)의 상승으로 한동안 구릉지대로 올라가서 살아왔지만 이와 같은 오랜 문화의 축적이 초기백제가 바로 이곳 광주평원(廣州平原)에 건국하게 된 것이다.

백제시조 온조왕의 즉위년(B.C.18)에 대신들이 시조에게 이르기를,

> 10명의 신하들이 "하남의 땅은 북으로는 한수를 두르고 동으로는 높은 산에 의지하고 있으며 남으로는 기름진 땅을 바라보며 서로는 대해로 막혀있습니다. 이처럼 천연의 지리적 이점은 얻기 어려운 지세로 이곳에 도읍을 정하는 것이 마땅하지 않을까 생각합니다."라고 아뢰었다.(十臣諫曰 惟此河南之地 北帶漢水 東據高岳 南望沃澤 西阻大海 其天險之利 難得地勢 作都於斯 此亦宜乎)

라고 하였는데, 여기에서 말하는 동쪽의 고악은 남한산과 검단산을 가리키고, 남쪽의 옥택은 두말할 것 없이 광주(廣州)평야이다. 여기에서 "北帶漢水" "南望沃澤"이라고 한 한수(漢水)는 지금의 한강이고, 옥택은 광주(廣州) 평야 즉, '넓은 들' 로 지금의 서울 강남(江南)지구와 성남 분당지구로 연결되는 넓은 들일 것이다. 이 일대에는 한성백제(漢城百濟) 500년 동안에 남긴 유적이 많이 분포돼 있다.

필자가 풍납토성 현황조사 중 1997년 1월 풍납토성 내의 아파트건축현장에서 백제 토기와 기와 등을 발견하여 백제문화층임이 확인되었다. 이후 아파트공사가 중지되고 국립문화재연구소에 의하여 발굴조사를 실시하였다. 이곳에서 이른바 풍납동식 무문토기가 출토된 삼중환호(三重環濠)와 주거지, 백제초기의 각종 유구와 유물이 발굴되어 한성백제와 관련된 막대한 양의 정보가 쏟아졌다. 출토 유물의 방사성측정연대(C^{14})는 기원(0)전후시기로 측정되었다.[1] 이 시기는 바로 온조왕 시기와 일치하고 있다.

이 후에 경당지구의 발굴조사, 미래마을 부지와 외환은행 부지, 삼표산업사옥 부지의 발굴조사 등 크고 작은 시굴조사가 이루어지고 있다. 발굴이 이루어진 일부지역은 사적으로 지정되어 있고 5층[2015년 이후 7층] 이하 건물을 재건축 할 때마다 사전(事前) 조사가 의무화 되었다.

2016년 1월에는 서울시와 문화재청은 하남위례성(河南慰禮城)인 송파구 풍납토성과 그 배후성인 몽촌산성 그리고 강남구 삼성동산성 등 서울백제 유적을 2020년까지 유네스코 세계문화유산으로 등재 신청하기로 결정하였다.[2]

서울의 백제는 강남지구의 구석기시대로부터 시작하여 신석기시대 · 청동기시대 · 철기시대를 거처 백제로 내려오는 오랜 역사와 전통적인 배경에서 탄생한 것이다. 그 가운데에 역삼동 주거지가 서울에서 유일한 청동기시대 유적으로 알려지고 있으나 원래의 위치가 그동안 불명확 했었다.

---

1 강형태.나경임, 「풍납동 유적의 절대연대측정」『한국상고사학보』34, 한국상고사학회, p.91.
국립문화재연구소,『풍납토성』Ⅱ-동벽 발굴조사 보고서, 2002, p.119.

2 서울시(시장: 박원순)는 2016년 11일 오전 11시 신청 8층 간담회장에서 한성백제왕도 세계유산등재추진위원회 위촉식을 갖었다.

1. 강남지역의 자연환경과 수계(水系)

1) 강남지역의 자연환경

강남지구는 지정학적으로 서울시의 남동부에 위치하며, 동쪽은 탄천을 경계로 송파구와 접하고, 서쪽은 강남대로를 경계로 서초구와, 남쪽은 산지를 경계로 하여 경기도 성남시, 북쪽은 한강을 경계로 하여 성동구와 대하고 있다.

용산구 한남동 맞은편 제3한강교를 거치는 경부간 고속도로가 바로 역삼동을 지나고 있다. 강남의 유일한 산림지구인 역삼동 매봉산(梅峰山, 해발 90m)을 중심으로 보면 이 일대는 표고 100m 이내의 야산 줄기가 이리저리 뻗은 준평원인데 역삼동에서 정남 약 10㎞ 전방에는 의 청계산(淸溪山, 해발 554m)이 있고 2.3㎞ 거리를 두고 동남쪽으로 대모산(大母山, 해발 293m)과 구룡산(九龍山, 해발 283m)이, 서쪽으로는 우면산(牛眠山, 해발 290m)이 있어 서방으로 바라보인다. 매봉산을 중심으로 북쪽으로는 한강이 있고, 남쪽에는 한강으로 들어가는 양재천(良才川))이 있으며, 양재천을 가운데 두고 소평야가 펼쳐져 있다. 그리고 역삼동은 조선시대의 양재역의 소재지로서 수원에서 서울로 들어오는 길목이었다.

서울의 맨 남쪽 산인 청계산의 동록에서 내려오는 계천인 염곡천이 동천쪽에서 내려오는 양재천과 서울 톨게이트 부근에서 합류하여 옛 광주 평원의 탄천인 강남지구를 지나 모였다가 곧바로 한강 본류로 들어가게 된다.

강남구의 기후는 연평균 기온은 8~16℃이며 연중 가장 무더운 달인 8월의 월평균 기온은 25.4℃, 가장 추운달인 1월의 평균 기온은 -3.4℃이다. 강수량은 1,300㎜정도가 내리고 연 강수량이 50~60%가 여름에 내리고 5~10%가 겨울에 내린다. 이처럼 봄 · 여름 · 가을 · 겨울의 사계절이 뚜렷한 농경을 주업으로 하는 농경사회를 이룰 수 있는 최적의 기후조건을 갖추고 있어 고대로부터 농경부락을 형성할 수 있었다.

2) 한강유역의 수계(水系)

우리나라에서 후빙기의 바다높이의 변화에 대한 조사는 미흡하여 아직 자세히 연구가 되지 않았다. 일부 알려진 바에 의하면 8.000~5.000BP시기에는 기온이 상승하고 기후가 현재와 같은 정도에 이르렀다고 한다. 그래서 이 시기에 신석기시대 전기 문화가 꽃을 피운 시기이다. 그리고 5.000~3.800BP에 기온이 조금 내려가고 바다가 물러가는 시기라고 한다. 이 시기에 한강유역의 신석기 후기문화가 한창일 때이다. 4.000BP에 다소 추운 기후를 보이다가 3.500BP에 다시 기후가 따뜻해진 것을 알 수 있다.[3] 3.500~3.000BP시기이면 청동기시대 전기에 해당하는 시기인데,

3 장호수,「신석기문화」『한국사』2, 국사편찬위원회,, 1997, P.321.

아마 이 시기에 바다 높이가 상승하여 한강하류 유역은 물에 잠기게 되고 이 무렵 평지에 살고 있던 사람들은 점차 구릉 위로 올라가 집을 짓고 살게 되었을 것으로 추측된다.

서해안의 한강하류의 대표적인 신석기시대 유적인 서울 암사동유적은 해발 18~19m위치에 분포하고 있다. 그리고 인접 하남시 미사리 신석기시대 유적은 해발 20~21m 위치에 분포하고 있다.

미사리 유적의 신석기시대 문화는 해발 20m 위치에서 빗살무늬토기를 사용하던 시기였지만 후기에 와서 빗살무늬토기 기형의 원저(圓底) 토기가 출현하고 각목돌대문토기를 동반한다. 후시에 오면서 해수면이 상승하게 되자 한강 가에 살던 인류들은 점점 구릉으로 이주하게 된다. 이 시기가 바로 서해안의 해수면이 상승하기 시작하는 시기로 추측된다. 해수면이 상승하면서 청동기시대로 넘어가는 과도기적인 시기의 문화이다. 한강유역 청동기시대 Ⅰ단계인 조기문화로 미사리 유적을 꼽는다. 이 시기는 3100B.P 이전(以前)으로 편년되고 있다.[4]

미사리 유적 다음 시기의 유적인 한강하류 남안의 가락동 유적은 해발 40m 구릉에 위치하고 있다. 역삼동유적은 한강 하류 남안 매봉산(해발 90m) 중턱 해발 40m에 위치하고 있다.[5] 남한강 유역의 여주 흔암리 유적은 해발 122.7m의 야산에 위치하고 있다.

서울의 청동기시대 유적으로는 가락동유적과 역삼동유적이 대표적인 유적인데, 모두 해발 40m에 위치하고 있다고 하는 사실을 주목할 필요가 있다. 이는 신석기시대 유적인 암사동유적과 미사리 유적의 위치보다 적어도 20m이상 높은 구릉지대에 위치하고 있음을 알 수 있다.[제Ⅲ부에서 상술]

2. 강남지역의 구석기시대 및 신석기시대 문화

1) 구석기시대 문화

한반도에서 구석기시대 유적이 본격적으로 발굴되기는 1960년대부터 이루어지기 시작했다. 서울에서 가장 먼저 알려진 구석기시대 유적은 면목동 유적이다. 그러나 면목동 지표에서 수습되었다고 하는 유물은 실제로 인공의 흔적이 분명하지 않은 것이 대부분이었다.[6]

최근에 서울 삼성동 영동 AID차관아파트 재건축예정부지에서 구석기가 발굴되었다고 보고되었다.[7] 보고내용을 보면, "조사대상지는 북쪽으로 1.5km 떨어져 한강(영동대교 방향)이, 동쪽으로 1.3km 떨어져 탄천(봉은교 방향)이 위치한다. 이 지역은 한강본류와 탄천이 합류되는 연결지점 사이에 위치하므로 선사 · 역사시대 유적이 입지하기에 알맞은 지역이다. 조사결과 제4기

4 김병학,「서울.경기지역의 조기-전기문화 편년」『한국 청동기시대 편년』, 2013, p.118.

5 이형구,「역삼동 주거지 발굴보고」『문화강남』5, 강남문화원, 2003, pp.20~30.

6 황용훈,「서울 면목동유적 발견 구석기 형태학적 조사」『경희사학』2,1970.

7 상명대학교박물관,『서울 삼성동 영동차관아파트 재건축예정부지 문화유적 발굴조사 보고서』, 2004,

(紀) 고토양층과 수혈 1기가 확인되었으나 주변지역에서 더 이상의 유구와 제4기 고토양층은 확인되지 않았다. 유물은 모두 21점이 출토되었으며 이중 구석기는 모두 18점이다."고 하였다.[사진 1]

[사진 1] 강남구 삼 성동 AID아파트 구석기유물(상명대 박물관)

강남구 이외 지역에서는 강동구 고덕동 유적은 2009년 9월부터2010년 2월까지 경희대박물관에서 발굴조사 하였다.[8] 고덕동에서 나온 구석기시대 뗀석기의 수는 그리 많지 않다. 대략 45점이 수습되었는데, 대부분이 A구역에서 출토되었다. 수집품에는 주먹도끼가 4점, 찍개 3점, 몸돌, 주먹찌르개, 격지, 긁개 2점 등이 포함되어 있다. 수집품에는 주먹도끼가 4점, 찍개 3점, 몸돌, 주먹찌르개, 격지, 긁개 2점 등이 포함되어 있다. 주먹도끼를 비롯하여 대부분 석기는 규암제 강돌을 이용하여 만든 것이다.

용산구 한강로 유적에서는 문화재 시발굴조사 과정에서 구석기시대 퇴적층의 존재가 확인되었으며, 추가적인 조사 과정에서 구석기시대 석기가 모두 9점 확인되었다. 몸돌2점, 다각면석기 1점, 격지 2점으로 추정되는데, 모두 맥석영으로 만들어진 것이다.[9]

이밖에 구로구 궁동에서는 구릉 상부에서 유적조사에 필요한 제토 과정에서 다면석기(여러면 석기)가 확인되기도 하였다.[10]

강남 이외 지역에서는 하남시 미사지구에서는 사업지구 전체에서 구석기시대 퇴적층이 폭넓게 확인되었으며, 실제 다양한 시기와 내용을 지닌 유물이 확인되었다.[11] 적갈색사질층에서는 혼펠스(규질혈암)제 석기를 비롯하여 맥석영제 몸돌과 격지, 간석기(마제석기) 등이 출토되었다. 또한 토양쐐기를 포함하는 갈색점토층의 상부에서도 규암, 맥석영제 소형 석기가 집중분포하며 주변에서 흑요석제 잔몸돌을 포함한 유물이 수습되기도 하였다.

그리고 남양주시 호평동 · 평내동 일대 택지조성사업부지 안에서 발굴 조사된 유적이다.[12] 유물은 토양쐐기 구조가 발달한 암갈색실트의 3층 하부와 상부에서 출토되었는데, 모두 1만여 점이 넘는 유물이 출토되었으며, 특히 다양한 흑요석제 석기가 수습되었다. 유적에서 나온 숯에 대한 방사성탄소측정연대는 각각 30,000~27,000BP., 24,000~16,000BP의 연대 값으로 후기 구석기시대로 추정된다.

---

8 김장석 · 성춘택 · 확재훈 외,『서울 고덕동 유적』, 경희대 중앙박물관, 2002.

9 성춘택,「구석기문화의 형성과 유적」『서울2천년사』2, 서울역사편찬원, 2015.p.77.

10 한강문화재연구원,『서울 궁동 유적 · 강릉 방동리 가둔지 유적』,2008.

11 경기문화재연구원 2013년 현장설명회자료.

12 경기문화재연구원,『남양주 호평동 구석기유적 Ⅲ』,2010 ; 홍미영 · 코노넨코,「남양주 호평동유적의 흑요석제 석기와 그 사용」『한국구석기학보』12, 2008 ; 홍미영 · 김종헌,『남양주 호평동 구석기유적』Ⅰ · Ⅱ, 경기문화재단 기전문화재연구원, 2009.

2) 신석기시대 문화

신석기시대 유적은 주로 큰 강이나 바닷가에 자리 잡고 있다. 지금까지 한강 유역에서 발견된 신석기시대 유적은 200여 곳에 이르고 있는데, 이 가운데 서울과 그 에서만 70여 곳이 분포하고 있다. 최근에는 강남구 삼성동 봉은사 사거리 부근에서도 신석기시대의 빗살무늬토기 편이 출토되었다. 무어니 무어니 해도 한강유역의 신석기시대의 유적으로는 서울 강동구 암사동 주거지와 하남시 미사리 유적이 일찍부터 잘 알려져 있다.

서울 강동구 암사동 유적은 한강유역의 신석기시대문화 뿐만 아니라 우리나라 신석기시대 문화를 대표하는 유적이다. 한강 천호대교 남쪽 천호 · 암사동 일대의 강변 사질퇴적층에 자리 잡고 있는데, 이것이 발견되기 시작한 것은 1925년 을축년 대홍수 때 유물포함층이 표면에 노출됨으로써 알려지게 됐다. 그 후 일제강점시기에 많은 양의 토기편이 채집되어 연구되어 왔지만, 1967년에서 1983년까지 수차에 걸친 발굴로 많은 수혈 주거지와 그 부속시설이 확인되었다.[13] [원색사진 1]

신석기시대 문화층은 해발 18~19m에서 조성되었으며, 층위는 6개의 자연퇴적층으로 형성되며 그 가운데 문화층은 3개로 구분되는데 신석기시대 전기, 신석기시대 후기, 삼국시대 등이 확실한 층서적(層序的) 상하관계를 나타내고 있다.[Ⅲ부의 표 1] 제3문화층에서 채취한 목탄의 C^{14}년대측정결과 절대연대의 하한선은 BC.3000년대로 나타나고 있어 신석기시대의 비교적 이른 시기에 형성된 유적으로 추정된다.

주거지는 평면형태가 직경 5~6m의 원형이거나 1변이 4~6m인 각방형의 수혈주거지이다. 또한 수혈내부에는 바닥 중앙에 원형 · 방형 · 장방형 등의 노지가 각각 1개씩 마련되어 있는데 모두 주위에 할석이나 천석을 돌려 만든 것이다.

출토유물은 토기, 석기, 토제품 등으로 구분하여 살펴보았다. 토기의 기형은 중 · 서부지방 빗살무늬토기의 전형적인 형태인 첨저 반란형이 일반적인 기형이고, 이 외에도 비교적 다양한 기형이 보이고 있는데 주로 대동강 · 재령강유역의 유적에서 출토되는 기형과 유사한 것이 많다. 토기의 문양은 토기의 문양은 구연부에 조문, 단사선문, 점열 등이 있고 기복부에는 어골문으로 횡주.종주 아골문이 있다.[원색사진 4]

[사진 2] 서울 강남구 삼성동 영동차관아파트 부지 출토 석부 (상명대 박물관)

암사동 주거지는 우리나라의 대표적인 신석기시대 유적으로서 현재 사적 제267호로, 선사유적공원으로 정정되어 신석기시대의 주거지 20동을 복원하고 선사주거지전시관이 건립되어 역사와 문화의 체험공간으로 활용되고 있다.

13 국립중앙박물관, 『암사동 Ⅰ ~ Ⅴ』, 1995, 2006~2008.

서울 강남구 삼성동 영동차관아파트 재건축예정부지에서 구제발굴시에 제4기고토양층의 상부 표토를 제거하는 과정에서 신석기시대의 석기로 추정되는 갈돌 1점이 확인되었으며,[사진 2] 수혈(竪穴)의 상부에서 신석기시대의 빗살무늬토기 2점이 채집되었다.[14] [원색사진 5]

강동구 암사동 유적에서는 신석기시대 문화층만 보이고 청동기시대 문화층과 철기시대 문화층이 보이지 않는 것이 특징이다. 신석기시대 문화층 위로 바로 삼국시대(백제초기) 유적이 나타난다.[15][원색도면 1

경기도 하남시 미사리 유적은 1960년대에 알려지기 시작하였는데, 암사동 유적에서 약간 상류 쪽에 위치한다. 미사리는 한강 중류에 남북 4km, 동서 1km의 고구마 모양의 하중도(河中島)로 유적은 대개 해발 20m내외의 충적대지에 분포하고 있다. 미사리 선사유적지의 퇴적층 구조 하부는 굵은 자갈로 구성된 단구퇴적이며 상부는 모래나 실트 등으로 구성되어 있는 홍수범람 퇴적층이다.[16]

미사리 유적은 신석기문화층 위에 청동기시대 문화층(무문토기 문화층)과 백제시대 문화층이 계속 덧쌓여 있음이 확인되었다. 이 유적에서 신석기시대의 빗살무늬토기를 비롯하여 돌도끼.어망추.연석 등 석기가 출토되고 있으나 현재는 올림픽조정경기장 건설과 토사채취장 등으로 많이 파괴되었다.[원색사진 2]

강남지구는 구석기시대뿐만 아니라 신석기시대로 이어지면서 많은 사람들이 모여 살았던 생활터전이다.

3. 강남지역의 청동기시대 문화

1) 강남구의 청동기시대 유적

(1) 강남구 역삼동 주거지[지도 1~2]

매봉산은 대모산 쪽을 바라보면서 광주(廣州) 평원의 중심부에 자리 잡고 있다. 이 곳 강남지구에 일찍이 존재했던 청동기시대 인류들은 집터를 고르는 택지부터 풍수가 아니라도 기후와 토질이 좋은 이곳을 택했을 것이고 그 들의 주검을 묻는 자리도 따뜻한 이곳을 택한 것도 매우 자연스러운 복택(卜宅)이다. 이와 같은 자연 조건을 충분히 갖추고 있는 유적이 바로 강남구 역삼동 주거지이다.[17] [원색사진 9~12][사진 3]

---

14 상명대학교박물관,『서울 삼성동 영동차관아파트 재건축예정부지 문화유적 발굴조사 보고서』, 2004,

15 국립중앙박물관,『암사동』Ⅱ, 1995, p.268. 국립중앙박물관,『암사동』Ⅲ, 1995, p.16.

16 미사리선사유적발굴조사단, 『미사리』1, 경기도공영개발사업단, 1994, p.663.

17 임병태.「역삼동주거지발굴조사보고」『사학연구』20호, 1968.

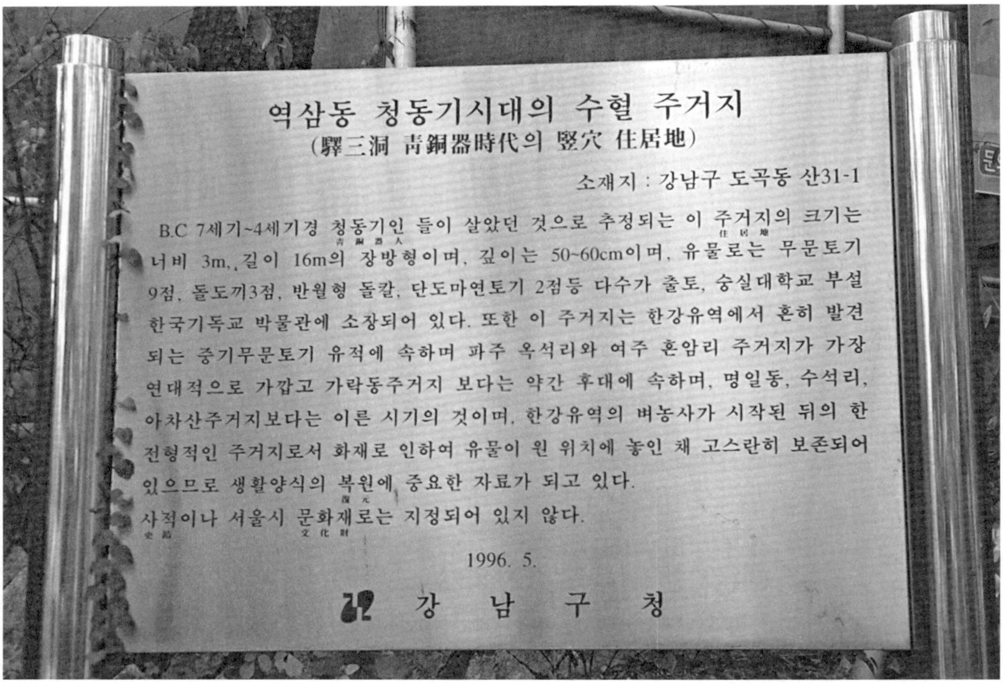

[사진 3] 강남구 도곡공원 내 실내 배트민턴장 앞에 세워진 '역삼동 주거지' 안내판

강남구청에서 도곡1동 161-2 공유지에 실내 베드민턴장이 세워져 있고 그 앞에 역삼동 주거지 '안내판' 까지 세워놓았는데도 그 위치에 대해서 논란이 일고 있다.[위치 문제는 제Ⅱ부에서 상론함]

역삼동 주거지는 숭실대학교 윤병태 교수가 매봉산 남록에 있는 6 · 25때 군인들이 파놓은 참호 속에서 무문토기 파편들이 채집되어 처음으로 청동기시대의 유적이 알려지게 되었다. 이곳은 150평 정도의 넓은 평지를 이루고 있어 유적이 있을 만한 곳으로 짐작되었고 한다. 숭실대학교 박물관에서 1966년 8월 22일부터 29일까지 8일간 발굴조사를 실시하였다.[18]

역삼동 주거지는 길이 16m, 폭 3m, 깊이 50~60cm 정도의 장방형의 수혈주거지이다. 기둥구멍은 1~2m 간격으로 있었으며 구멍의 크기는 직경 10~15cm이고 대개 10cm내외의 깊이이고, 중간부분에서는 기둥구멍이 발견되지 않았다.

출토유물은 석기류는 석부(3점) · 석착(2점) · 석촉(3점) · 반월형석도(1점) · 숫돌(6점) · 마석(1점) · 연석(1점) · 망칫돌(3점) · 천석(2점) · 이형석기(1점)이 출토되었다. 석촉의 3점 중 2점은 밑이 만입한 유통무경식(有樋無莖式)인데 대개 금속기의 모방으로 생각되어지고, 4km 떨어진 가락동에서도 출토되었으며 한강유역으로 가까운 거리에 있는 명일리 주거지에서도 여러 점 출토되었다. 상세한 발굴보고 내용은 〈부록〉을 통해 소개하였다.[부록에 상술]

18 임병태. 「역삼동주거지발굴조사보고」『사학연구』20호, 1968.

(2) 강남구 개포동(구 광주군 반포리) 고인돌무덤

1950년대에는 봉은사 남쪽 10리 여의 강남구 개포동 부근(구, 광주군 언주면 반포리)에서 이른바 남방식 지석묘 4기가 발견되었다[19] 그 답사 보고를 보면,

> A호는 길가에 접하여 웅대한 개석을 첫 눈에 보여주고 있는데 나지막한 받침돌 1개를 벼게로 삼아 비슷이 쓰러져있다. 즉 이것은 다른 받침돌을 잃은 도괴된 형상의 지석이다. 김 군은 앞서 발견하였을 때에 그 밑을 좀 헤쳐 보았으나 아무 것도 보지 못하였다한다. 본시는 주석이 2개였던 모양이나 어느 때 그 부근주민이 한 개를 빼어다가 무엇에 이용한 것이 아닌가 생각한다. 석재는 모두가 편마암인데 A호의 개석은 부등변방형으로 남북 3.60m 동서의 최광처(最廣處)가 3.75m, 두께가 86cm가량이다.
> 이 A호와 백중(伯仲)되는 거대한 개석을 가진 자로 서남 24.50m에 위치한 것은 B호로 설정하였는데 가정하였는데 B호의 개석은 역시 한편으로 경사되어있다. 주석1개는 지중(地中)에 깊이 매몰되었는지 모이지 아니하며 다른 1개도 발견 당초에는 잘 노출되지 아니한 것을 김군의 공작으로 나타나게 하였다한다. 나타난 주석은 애초에 높은 쪽이 개석을 고이고 있었던 것인데 다른 주석을 잃음으로 인하여 밀려 기울어진 것이 분명하거니와 가장 넓은 곳을 재어 보면 남북인 3.40m, 동서가 3.60m, 두께가 35cm쯤 된다.
> A호에서 서북 33.60m되는 언덕 가에 놓여 있는 지석은 C호, 이 C호의 동남 6.80m에 입지한 것을 D호로 가정하였다. C호와 D호의 개석은 다 평평하나 주석은 역지 지중에 묻히어 기중 1개씩을 엿볼 수 있게 되었다. C호의 개석은 부등변방형으로 남북이 약1.45, 동서가 약 2.45m, 두께가 45cm가량이며, D호의 개석은 부등변장방형으로 남북이 약2.80m, 동서가 약 2.05, 두께가 45cm가량이다.

고인돌무덤의 중요성에 비추어 볼 때 사진 한 장 없는 초라한 답사기이지만 귀중한 보고이다. 총 4기의 고인돌무덤은 남방식의 형태와 규모를 하고 있다고 한다. 지금은 서울시의 팽창으로 인한 '도시계획'의 미명아래 정식으로 발굴조사 한번 안 된 채 많은 유적이 사라졌다.[20]

강남구에서는 과거에 삼성동(구 광주군 언주면 삼성리)에서 석기와 토기가 수습되었는데,[21] 강남구 논현동(구 광주군 언주면 논현리)에서도 석부, 석촉, 연석, 반월형석도 편, 무문토기 편들이 수습된 것으로 알려져 있다.[22] 최근 백제학연구소가 삼성동산성을 시굴 조사한 결과, 경기고등학교와 봉은사의 서측 말단부 자연퇴적층에서 청동기시대 무문토기편이 출토되었다.[23]

이밖에 대모산 동쪽 능선에서 고인돌무덤으로 추정되는 판석형 괴석 3기가 확인되었다.[24] 그리고 대모산 남록 강남구 자곡동 산32-1 번지에서 고인돌무덤으로 추정되는 6기의 괴석이 확인되었다.[25] 일부의 괴석 위에는 이른바 '성혈' 흔적이 보인다.

---

19 이병도,「광주언주면반포리지석을 탐사하고」『두계집필(斗溪雜筆)』, 1965.
20 문화재관리국(현, 문화재청),『문화유적총람』, 1977.
21 오상화,「경기도 선사시대 유적지명들」『사총』6, 1961.
22 한성백제박물관,「삼성동토성 추정지 발굴(시굴)조사완료약보고서」, 2016.
23 오상화,「경기도 선사시대 유적지명들」『사총』6, 1961.
24 한양대학교 문화재연구소,『대모산-보존 및 활용계획 수립 연구』, 강남구, 2011, p.145.
25 2016년 10월 17일 현장을 답사한 바 6기 모두 장축을 동남향하고 있음을 확인하였다.

2) 강남구 주변의 유적

(1) 송파구 가락동 주거지

1963년 6월 한강 중류 남안에 위치하고 있는 서울 송파구 가락동(구 광주군 중대면 가락리) 해발 약 40m 높이의 안산(安山) 정상부에서 청동기시대의 장방형 주거지가 발굴 조사되었다.[26] 주거지는 동서 10m, 남북 7m로, 표토 50cm 아래에서 노지시설이 발견되었다. 출토유물은 석기류와 토기류가 있다. 석기류로는 석도, 석촉, 첨두기, 방추차, 숫돌 및 약간의 석기가 출토되었다. 토기류로는 심발형토기, 호형토기, 완 등이 있다. 심발형토기 2점이 출토되었는데, 바닥은 평저에 기벽은 나팔형으로 위로 넓어지고 곧은 입술을 가지고 있는 것이 각형토기(팽이형토기)의 특징을 가지고 있다. 그러나 평저 바닥이 좁고 목이 곧은 점으로 보아 각형토기와 다소 다른 점이 있어 일명 '가락식토기(可樂式土器)' 라고 부른다.[27]

1974~5년에는 강남 잠실지구 개발로 가락동의 해발 40m 내외 야산에서 5기의 청동기시대 주거지가 발굴 조사되었다.[28] 주거지의 평면은 방형, 장방형, 원형, 타원형의 수혈주거지이며, 그 중 5호 주거지는 동서 약 300㎝, 남북 450㎝이고, 내부시설은 발견되지 않았다. 출토유물은 유경석촉, 석착, 숫돌(砥石), 석기재료 등과 팽이형토기, 공렬문토기, 고배형토기, 홍도 편 등이 출토되었다. 팽이형토기는 바닥 지름이 비교적 작고, 곧은 목이 있어 형식적으로 약간 늦은 시기의 것으로 보인다. 그러나 발굴단은 가락동 유적은 모두 체토(採土), 삭산(削山)하여도 좋다고 서울시에 건의한 후 바로 인멸되었다.[29]

최근에는 강동구 암사동 산19-5번지 해발 40m, 60m 지점에서 청동기시대 주거지 16기와 고인돌무덤 1기가 발굴되었다.[30] 주거지에서는 구순각목공렬토기. 반월형 석도 · 석착 · 석검 · 어망추 · 유경식 석촉 등이 출토되었다. 고인돌무덤은 화강편마암제로 덮개돌의 크기는 가로 2.1m, 세로 2m, 높이 80m이다. 조사자에 의하면 인근 암사동 정수장 건설 시에 이동한 것으로 보고 있다.

(2) 강동구 명일동 · 고덕동 주거지

강동구에서 1961년에 명일동(구 광주군 구천면 명일리) 낮은 구릉에서 청동기시대 주거지가 발견된바 있다. 발견당시 유적이 많이 파괴되어 전체 규모는 알 수 없으나 평면은 원형으로 지름이 6m정도이고 벽선을 따라 주공이 있었고 바닥에는 숯이 깔려 있었다고 한다. 출토유물은 석검, 석촉, 지석, 연석 등이 토기 파편과 함께 나왔다. 토기는 후에 가락식토기와 유사한 것을 알

---

26 김정학,「광주 가락리 주거지 발굴보고」『고문화』2, 한국대학박물관협회, 1963.

27 김정학,「광주 가락리 주거지 발굴보고」『고문화』2, 한국대학박물관협회, 1963. p.25.

28 잠실지구유적발굴조사단, 「蠶室地區遺蹟發掘調査報告」『한국고고학보』3, 1977.

29 잠실지구유적발굴조사단, 「蠶室地區遺蹟發掘調査報告」『한국고고학보』3, 1977, P.65.

30 국방문화재연구원,『서울 구리 암사대교 연결도로 건설공사부지내 유적 발굴조사 약보고서』, 2013.

게 되었다고 한다.[31]

강동구 고덕동(구 광주군 구천면 고덕리)에서 일제강점기에 고인돌무덤이 발견되었다고 하는 기록이 있으나 자세한 조사보고 하나 없이 지금은 도시계획으로 사라졌다. 최근에는 고덕동 구석기유적 부근 해발 35~49m지점에서 청동기시대 주거지 5기가 발굴되었다.[32]

3호를 제외한 4기의 주거지 내부에서는 바닥면에 점토를 다져 만든 평지식의 화덕자리가 있고, 4호 주거지에서는 저장용 토기를 정치하기 위해 판 구덩이도 확인되었다. 화덕자리가 존재하지 않는 3호 주거지는 거주 생활의 목적이 아닌 곡물 등을 저장하기 위한 공용 창고시설로 이용되었을 것으로 보고 있다. 출토유물로는 토기류가 공렬문토기, 적색마연토기 등이 출토되었고, 석기류는 어형 반월형 석도, 석촉, 석착, 연마석, 연석과 관옥(管玉)이 출토되었다.

(3) 하남시 미사리 주거지

하남 미사리 청동기시대 유적은 해발 20m 퇴적층에 신석기시대주거지와 함께 조성돼 있다.[33][원색사진 2~3] 미사리 주거지의 평면 형태는 주로 장방형이고 일부 세장방형 주거지도 있다. 주거지의 면적은 20㎡ 내외로 중앙선에 설치된 무시설식 노지는 1개 내지 3개가 있으며 간혹 노지가 없는 곳도 있다. 출토유물로는 무문토기가 주를 이루고 있고, 심발형토기, 호형토기, 발형토기, 단도마연토기, 갈색마연토기, 흑색토기 등이 있다. 석기로는 생활용구인 석착, 석부, 연석, 석겸 그리고 생활용구로 반월형 석도, 어망추 등이 있다. 돌대각목문토기는 미사리유적에서 출토되는 대표적인 토기로서 일명 미사리식토기라고도 한다. 이 토기의 출현 시기는 방사선 탄소연대측정결과 기원전 15세기를 상회하는 것으로 나타났다.[34]

미사리 1호 주거지는 남북 6.1m, 동서 6.7m의 근방형으로 수혈의 깊이는 0.3m 가량이며, 노지는 2기가 강돌을 둘러 축조하고 바닥은 판석으로 깔았다. 주거지 내에서 곡옥(曲玉) 1점이 출토된 것을 비롯하여 화살촉 등 석기류와 이른바 덧띠 새김무늬토기(突帶刻目紋土器)가 다수 출토되었다.[35]

미사리 015호 주거지는 920×920cm 방형주거지로 수혈의 깊이는 40cm 정도이다. 내부에는 2기의 노지시설을 갖추고 있는데, 011호나 018호와 같은 판석식에 위석형을 가미한 형태이다. 노지는 120×80cm의 타원형의 구조로 주거지면을 10cm 정도 파고 얇고 편평한 돌 1~2매를 깐 후, 그 주위를 다시 역석과 냇돌을 이용하여 두른 형태이다. 출토유물은 다른 미사리 주거지와는 완연히 구분되는 것으로서 무문토기는 한 점도 나타나지 않고 각목돌대문토기만이 출토되고 있다.

31 김정학,「광주 명일리 집자리 발굴보고」『고문화』1, 한국대학박물관협회, 1961.
32 김장석성춘택 · 확재훈 외,『서울 고덕동 유적』, 경희대 중앙박물관, 2002.
33 숭실대학교박물관,『미사리』3, 경기도공영개발사업단, 1994.
34 이형원,「청동기문화의 발전과 유적」『서울2천년사』2, 서울역사편찬원, 2015, p.214.
35 서울대학교박물관,『미사리』4, 경기도공영개발사업단, 1994.

특히 출토유물 중에 평저토기와 함께 출토되고 있는 환저(丸底) 심발형토기는 매우 중요한 표준적인 유물이다.

환저 심발형토기는 둥근 바닥에 돌대가 없는 아가리(구연부)를 갖춘 바리때 모양 토기로 그릇의 표면을 정제한 것이나 태토의 성분는 돌대문토기와 같다. 내면은 정륜한 흔적이 잘 나타나 있는데, 손가락으로 조정된 지두흔(指頭痕)이 있다. 구경 30cm, 기고 35.6cm이다.[36] 이 환저 심발형토기는 신석기시대 첨저토기에서 청동기시대 평저토기로 넘어가는 과도시기(過度時期)의 토기의 특징을 잘 보여주고 있다.

(4) 서초구(구 시흥군) 양재동 및 우면동 고인돌무덤

1950년대 말 김무룡에 의하면 당시 조사된 고인돌무덤은 양재동에 6기, 우면동에 1기가 있었는데 모두 이른바 북방식 고인돌무덤이라고 한다. 양재동 고인돌무덤군 역시 개포동 고인돌무덤과 마찬가지로 정식 발굴조사 한번 거치지 못하고 없어진 것이 매우 유감이다. 더구나 이 고인돌무덤 무리는 당시 조사자의 말을 빌리면 모두 북방식 고인돌무덤이라고 했다. 한강 하류에서는 강화군을 제외하고는 북방식 고인돌무덤이 발견된 것이 처음있는 일인데 불행하게도 그토록 위중한 유적이 조사약보 한 페이지만 남기고 모두 없어지고 말았다.

1798년 6월 8일과 1959년 4월 5일, 김무룡에 의하여 시흥군 신동면 양재리(지금의 강남구 양재동)에서 6기와 우면리(지금의 서초구 우면동)에서 1기의 지석묘를 조사되었다.[37]

김무룡의 보고에 의하면,

양재리(良才里) 지석묘

양재천 남장 약 100m지점에 꽤넓은 공지가 있어서 잔지밭이 있는 곳에 지석이 매몰되었다. 그 분포상태는 도면과 같으며 형식은 북방식에 속한다고 한다. 1호의 개석은 부정형타원형으로 서측은 지면에 접하였고 동측이 6.7cm의 높이고 탱석이 받쳐있다. 좌향은 동남향이다. 일부는 매몰되어 구조불명이며 관측치(m)는 다음과 같다.

지석묘	개석장(長)	개석폭(幅)	개석후(厚)
1호	4.5	2.8	0.45
2호	2.45	1.4	불명
3호	3	2.35	불명
4호	3.6	2.4	0.7
5호	4호지석의 족석		
6호	2.3	1.9	0.3

36 고려대학교발굴조사단,『미사리』5, 경기도공영개발사업단, 1994, p.103.
37 김무룡,「경기도시흥군내지석묘」『고고미술』제2권 제11호, 1961.

이 지석은 '괴바위' 라고 부르며 이는 '고인바위' 의 준말이며 이 동리는 거여리인데 '계리' 라 칭함은 흥미 있는 일로서 '거여(巨餘)' 의 거여와 고여가 어음상 비슷한데서 나온 말이라고 생각한다. 동리에서 년1회 도당제(都堂祭, 산신제)를 지낸다.

우면리(牛眠里) 지석묘

양재리 지석 소재지 서남쪽 산록에 전형적 북방식 지석이 있다. 이 부근에서는 속칭 '고름장바위' 라고 부르며 지석 바로 위에는 병풍 같은 바위가 둘려 있음은 이상스러웠다. 개석 장 3m, 폭 3m, 후 1.3m이며 지상 고는 0.7m이다. 고 0.7m의 삼개의 정석 밑에는 석실이 있어 장 1.7m, 광 1.3m이며 좌향은 정남향이다.

조사자의 보고를 검토해보면, 이들 고인돌무덤의 위치는 원지동 고인돌무덤의 위치에서 약 2.3㎞ 북쪽에 위치하고 있었지 않았나 생각된다. 그러고 원지동고인돌무덤 무리가 모두 남방식인데 반하여 김연학의 양재동 고인돌무덤에 대한 목격담을 빌리면 모두 이른바 북방식고인돌 계통의 고인돌무덤이었다고 한다.

이들 양재동 고인돌무덤은 이른바 북방식의 고인돌무덤이었을 것이다. 양재동과 우면동 고인돌무덤은 당시에 경기도 시흥군 신동면 관내에 소재하고 있었는데 서울시로 편입(1963)되면서부터 도시계획에 의하여 밀려나서 지금은 그 흔적조차 찾을 길이 없다.

(5) 서초구 원지동 고인돌무덤

[사진 4] 서초구 원지동 고인돌무덤(1995년 저자 촬영)

원지동 고인돌무덤군은 강남구 원지동 한강 하류 양재천 남쪽 지류인 염곡천을 끼고 청계산의 지봉인 옹여봉의 지맥을 따라 해발 약 40~60m의 능선의 끝 부분인 밭 가운데에 동북향으로 분포되어 있다. 경부고속도로 서울 톨게이트를 기점으로 남쪽으로 약 100m 내지 2.5㎞ 사이에 A~D의 네 지구로 분포되어 있다.[38] 그리고 소나무 숲 주변에서도 적당한 간격으로 열을 지어 있는 많은 괴석(열석)들을 발견하였고 여기서 북쪽으로 150m지점의 밭 가운데에서도 7기의 고인돌무덤군을 발견하게 되었다. 여러 차례의 답사를 통하여 서울 톨게이트 남방 100m지점에서 서쪽으로 50m지점에서도 고인돌무덤 1기를 발견하였다.[사진 4]

이곳에서 남쪽으로 약 400m 지점되는 곳에서는 고인돌무덤군으로 보이는 일련의 돌무리가 확인되었는데 판석형을 된 고인돌무덤 주위에 발달형돌칼 1점을 수습하였다. 고운 점토질의 항

38 이형구,「서울 원지동 지석묘 조사연구」『한국사학』8, 한국정신문화연구원, 1986.

아리형 토기로 추정되는 회갈색무문토기편과 사질과 운모가 섞인 고운 점토질인 구연부와 동체부편의 회청색무문토기편이 수습되었다.

또한 원지동 미륵당에서 남쪽으로 약 100m의 고속도로 동쪽 20m 지점의 간선도로상에서 원기부락 미륵당과 C지구 고인돌무덤 무리 사이에서 선돌이 발견되었다. 선돌은 흔히 고인돌무덤 무리의 입구에 1기 또는 2기를 세우는 청동기시대의 유적으로 지금은 1기가 서울 양재동, 성남 고등동 간 간선도로변에 남아 있다. 높이 130㎝, 너비 42㎝되는 선돌의 많은 부분이 땅에 묻혀 있다. 원래의 모양은 비석과 같이 선돌의 상단이 둥근 모양이었으나 한쪽에 깨저고 있다.

4. 강남지역의 철기시대 문화

1) 강남구 대모산 유적[원색사진 17]

1999년 한양대학교 박물관에서 강남구 일원동 대모산(大母山, 해발 279m) 서편 무선통신망 기지국 부지 시굴조사 시에 해발 279m의 정상부에서 철기시대 주거지 1기가 확인되었다. 대모산 주거지는 암반층을 'ㄴ' 자형으로 파고 만들었다. 주거지의 동쪽 부분은 대성산성을 축조하면서 파괴되어 현재 남북 2.4m, 동서 1.9m만 남아 있다. 주거지 안에서 점토대토기와 심발형토기편 그리고 유구석부와 갈판 등이 출토되었다.[39][사진 5]

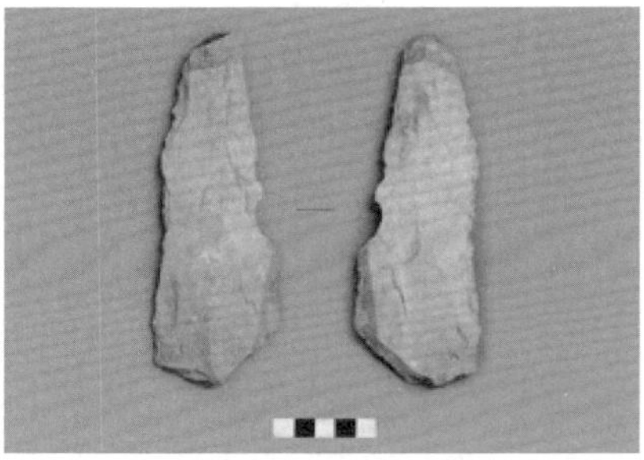

[사진 5] 강남구 일원동 대모산 유물산포지 출토 석기(전 후면, 한양대 문화재연구소)

대모산 주거지는 한강 유역에서 가장 높은 곳에 위치하고 있는 고지성 취락 유적이다. 해발고도가 높은 곳에 입지하는 것이 특징으로, 일종의 고지성 취락의 형태를 취하고 있다. 대모산의 경우도 고지성 입지, 주변에 대한 탁월한 조망 등을 근거로 일종의 고지성 취락이 존재하였을 가능성이 엿보이며 철기시대에서 삼국시대로 이어졌을 것으로 보고 있다.

2) 강남구 삼성동산성 철기시대 유구

한강에 면한 북벽은 가장 지대가 높은 곳으로서 한강을 조망하기 좋은 곳이다. 현재는 성벽이 존재하였을 자연구릉과 성벽 외면을 삭토하여 급경사면을 형성하고 이 과정에서 생긴 평지를 주택가와 이면도로로 개발한 상태이지만 상당부분 원상을 유지하고 있다.

---

39 한양대학교 박물관,『대모산 문화유적 시굴보고서』, 서울특별시, 1999.

1970년대 후반 경기고등학교가 수도산 정상부를 삭토하여 이전하면서 성곽이 대부분 인멸되었다. 성곽 내부는 경기고등학교 교사와 운동장 등의 시설이 들어서는 과정에서 내부의 문화층은 모두 인멸되었을 것으로 보인다. 하지만 학교 건물이 성곽을 최대한 이용하여 그 내부에 들어선 것으로 판단되는 만큼 성벽 일부는 원상을 유지하고 있을 가능성이 높다.

최근, 백제학연구소에서 백제시대 삼성동산성을 시굴 조사하면서 트렌치(7Tr) 말단부 자연퇴적층의 최하단에서 두형토기를 비롯한 점토대토기 등 초기철기시대 단계의 유물이 출토되었다. 이밖에 자연퇴적층에서는 청동기시대 무문토기 편과 백제토기 동체부편 그리고 신라토기 뚜껑 편 등이 출토되었다고 한다.[40] 이로 미루어 보아 삼성동 일대에서는 청동기시대 유적을 비롯해서 철기시대, 백제시대 그리고 신라시대로 이어지는 유적이 분포되고 있음을 알 수 있다.

3) 풍납토성 내 삼중환호(三重環濠)

[사진 6] 풍납토성 내 삼중환호 전경(『풍납토성』1)

강남구의 인근 철기시대에 속하는 유적으로 송파구 풍납토성 내 삼중환호[41]와 하남시 미사리 유적이 알려져 있다.[42] 1997년에 서울 송파구 풍납토성 내 현대아파트 부지에서 발굴된 '삼중환호' 그리고 가-31호, 32호 수혈 유구와 11호 주거지가 철기시대 혹은 초기백제의 유적으로 볼 수 있다.[43] 풍납토성 내 삼중환호는 현대아파트 부지 조성을 위한 구제발굴 시에 풍납토성 내 백제층 아래에서 3좌의 환호가 발굴되었다.[사진 6]

1호 환호는 남-북향(편동 20~25°)으로 확인된 길이는 100m가 조금 넘는다. 환호의 폭은 2.2~1.6m, 깊이는 약 1m 정도이다. 단면 형태는 V자 또는 Y자 모양으로 밑으로 갈수록 폭이 좁아드는 형태이다.

2호 환호는 1호 환호의 동쪽으로 약 4~5m 정도 떨어져서 위치하는데 1호 환호와 거의 같은 남-북향(편동20~25°)으로 층위상 1호 환호와 동시에 나란하게 만들어진 것으로 보인다. 2호 환호의 길이 역시 1호와 거의 같으나, 폭은 조금 좁아서 1.9~1.2m 정도이고 깊이도 약간 얕아지고 있다.

3호 환호는 2호 환호의 동쪽으로 약 3~4m 떨어져서 위치하고, 방향도 1·2호 환호와 거의

---

40 한성백제박물관,「삼성동토성 추정지 발굴(시굴) 조사 완료약보고서」, 2016, p.18.

41 국립문화재연구소,『풍납토성 I -현대연합주택 및 1지구 재건축 부지-』, 2001, pp. 81~90.

42 심재연,「철기문화와 초기국가의 형성」『서울2천년사』2, 서울역사편찬원, 2015. p.275~260.

43 국립문화재연구소,『풍납토성 I -현대연합주택 및 1지구 재건축 부지-』, 2001, pp. 81~90.

나란하다. 환호의 폭이나 깊이, 단면형태나 출토유물 등 제반 양상도 2호 환호와 거의 같다. 출토유물은 완과 완 저부편이 있다.

1호 환호에 중복된 6호와 8호 주거지의 층위관계로 볼 때, 이 주거지들은 환호가 폐기되고 매몰된 위에 들어선 것이므로 환호의 폐기시점은 이 주거지들보다 빠르다고 볼 수 있다. 2호 환호의 단면 형태나 내부토의 퇴적 상태뿐만 아니라 출토 유물의 양상 등도 1호 환호와 거의 동일하다. 3호 환호는 1 · 2호와 동시에 축조, 폐기된 것으로 추정된다.

1호 환호의 내부에서 출토된 유물로는 태토가 적갈색에 굵은 석립이나 사립이 다량으로 혼입되어 표면에 들어나 거친 풍납동식(風納洞式) 무문토기가 주로 출토되고, 이 외 2호 환호에서 약간의 타날문토기가 출토되고 있다. 풍납동식 무문토기를 주로 사용한 1.3호 환호가 먼저 조성되고 풍납동식 무문토기와 타날문토기가 함께 출토되는 2호 환호가 조금 늦은 시기의 것으로 추정해 볼 수 있다. 삼중환호 부근에서 확인된 31호. 32호 수혈과 11호 주거지가 삼중환호와 연관되는 철기시대 후기 내지 초기백제의 유적으로 추정되고 있다.

한편, 서울 송파구 석촌동 3호분 동쪽 '삼중유적층(三重遺蹟層)'의 맨 아래층의 대형토광묘의 8구의 목관묘 가운데 4와 7호에서 출토된 회백색 연질 단경호를 한성백제성립 이후의 토기와 다른 양상으로 특히, 7호 출토 단경호를 심발형토기로 간주하고 이를 석촌동고분군 중에서 가장 이른 시기인 철기시대 후기 내지 초기백제 쯤으로 추정하고 있다.[44]

필자는 이 대형 토광 목관묘가 '삼중유적층' 에서 최하위층에 조성돼 있고 이른 시기의 발형 연질토기가 출토되고 있는 점으로 보아 이른 시기의 한성백제시기의 지배층의 무덤으로 추정한 바 있다.[45]

4) 강남구 주변의 유적-하남 미사리 유적

서울 강남지구와 가장 지근거리에 있는 하남시 미사리유적에서 중도식(中島式) 토기라고도 하고 풍납동식(風納洞式) 토기라고 하는 무문토기가 출토된 주거지와 철기 류가 출토된 여(呂)' 자형 혹은 '철(凸)' 자형 주거지를 철기시대 유적으로 추정하는 견해가 있다.[46]

미사리유적에서 발굴된 철기시대 주거지로 추정되는 유적은 1988년 고려대발굴조사단에서 발굴한 제020호, 022호 주거지가 있다.[47] 020호 주거지는 411×420cm의 방형주거지로 수혈의 깊이는 40cm 정도이다. 주거지 내부의 토층은 점질이 강한 암갈색 사질토 순으로 퇴적되어 있다. 와질토기는 단 1점도 출토되지 않는다. 점토띠 주위로는 비교적 장동형의 송국리 유형에 가까운

44 심재연, 「철기문화와 초기국가의 형성」『서울2천년사』2, 서울역사편찬원, 2015. p.291.
45 이형구,『백제의 도성』, 주류성, 2004 .p.85.
이형구,『한성백제시기의 문화와 생활』, 송파문화원, 2008. p.94.
46 심재연, 「철기문화와 초기국가의 형성」『서울2천년사』2, 서울역사편찬원, 2015. p.277.
47 고려대발굴조사단,『미사리』5, 경기도공영개발사업단, 1994.

중도식 무문토기 완형이 2점 출토되고 있어 주거지의 변천과 더불어 토기의 계승문제가 제기되기도 한다.[도면 1]

제022호 주거지는 한 변이 소실되었지만, 남은 한 변은 길이가 435cm이고 수혈의 깊이는 45cm 이다. 출토된 토기 중에 와질토기는 한 점도 없고 모두 초기형태의 중도식(풍납식) 토기에 속하는 것으로 기형도 구연부가 짧은 송국리식 토기의 기형과 상당히 유사하다.

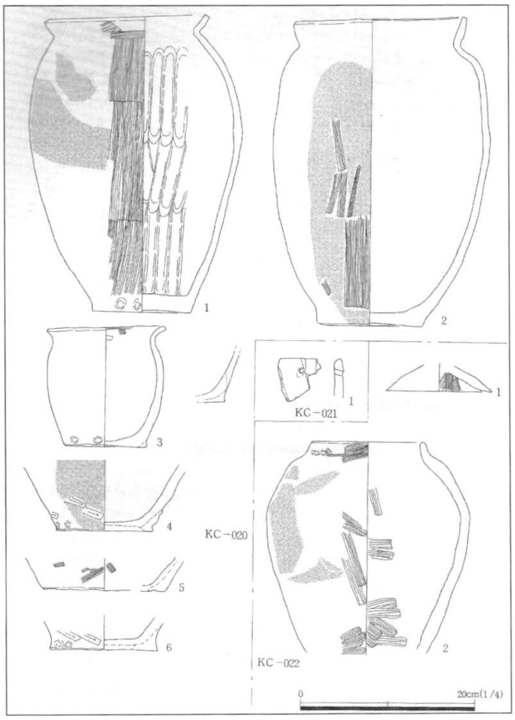

[도면 1] 하남시 미사리 철기시대 주거지 출토 중도식 토기 도면(『미사리』5)

1992년 한양대발굴조사단에서 발굴한 유적으로는 A-1호, A-13호 주거지가 있다.[48] A-1호 주거지는 노출된 '여(呂)' 자형의 수혈주거지로서 면적은 대략$90m^2$ 정도의 규모로 불에 타서 폐기된 깊이 80~100cm 정도의 수혈 주거지이다. 온돌이 있고, 생활공간 중앙부에서 약간 북으로 노지시설이 있다.[사진 7]

[사진 7] 하남시 미사리 철기시대 여(呂)자형 주거지 전경(『미사리』2)

출토유물에서 토기류는 주로 벽체를 따라 출토되었는데 원형 8점, 구연부 7편, 저부 11편, 동체부 편이 출토되었다. 철기류는 1호주거지 온돌시설 북동쪽 벽에 무경식삼각만입형철촉, 철도자 등이 있다. 그 외에 청동기류로는 주거지 바닥층에서 방제경(倣製鏡)이 출토되었다.

A-13호 주거지 주거지의 규모 및 형태는 남북 13.4m, 폭 8.2m 깊이 약 60cm의 '철(凸)' 자형주거지로, 노지는 주거지 중앙 북편 1기(1호)와 동북편 1기(2호)가 시설되어 있다. 출토유물에서 토기류가 완형 3점, 구연부 16점, 저부 11점, 동체부 다수가 출토되었다. 철기류는 철촉과 철도자가 출토되었다. 주거지 남동벽 바닥층에서 관옥(管玉)이 출토되었다

방제경은 지름이 7.3cm, 두께 0.2cm의 방제경으로서 퇴화한 양식으로 보인다. 주변에 선열문대가 있고 내부에 사각형의 선열문대가 있다. 꼭지는 하나이며 투박하게 생겼고 한쪽이 다른

48 한양대발굴조사단,『미사리』2, 경기도공영개발사업단. 1994.

쪽보다 굵게 되어 있다.

관옥은 주홍색을 띠는 호박제로서 길이 2.1cm 지름 0.7cm의 크기이다. 가운데는 직경 0.3cm 정도의 소공을 뚫었으며 잘 마연되어 있다. 표면에는 약간의 흠집이 나있고 양모서리가 약간씩 갈려있다.

A-1호 주거지 출토의 청동거울이나 13호의 관옥(管玉)의 존재는 대형의 주거지의 거주자의 신분이 일반인과 다를 비교적 높은 인물의 것으로 여겨진다.

하남 미사리 유적의 청동거울은 이미 재지화(在地化) 하였고 낙랑계토기가 출토되지 않는 재지적(在地的)인 문화로 철기시대 문화는 한성백제의 건국으로 이어지는 중요한 의미를 갖는 유적이다.

5. 강남지역의 서울백제 유적

1) 서울백제의 왕성(王城)

(1) 풍납토성(風納土城)[원색사진 19]

『삼국사기』 백제본기 온조왕조에 보면 "온조왕의 아버지는 고구려의 주몽인데 주몽이 북부여로부터 피난하여 졸본부여에 이르렀더니 부여왕이 아들이 없고 딸만 셋이라 주몽에게 둘째 딸을 주어 아내로 삼게 하였다. 그후 부여 왕이 죽으매 주몽이 그 뒤를 이어 왕이 되었는데 주몽에게는 두 아들이 있었다. 맏이는 비류요, 둘째가 온조이다. 그러나 주몽이 북부여에 있을 때 낳은 아들을 태자로 삼으로니 비류와 온조는 태자와의 불목을 염려하여 남하하여 마침내 한산(漢山)에 이르러 부아악(負兒岳)에 올라 아래를 내려다보니 살기가 마땅한 곳이라 생각하고 한산 아래에 도읍을 정하였다"고 한다.

이때의 한산은 오늘날의 북한산이라고 하고, 하북위례성의 위치에 대하여는 여러 가지 설이 있으나, 그 가운데 하나가 지금의 북한산(삼각산) 동쪽 수유리 근처라는 설이고, 또 하나는 중랑천일대라고도 한다. 그리고 조선시대의 한성의 범위 안에 있었을 것으로 보는 견해도 있다.

『삼국사기』 온조왕조 서설에서 한수 남쪽 즉, 하남 땅을 말하기 "북으로 한수를 배수하고, 동으로 산악에 의지하며, 남으로 비옥한 들판이 바라보이고, 서쪽으로는 큰 바다가 막아주고 있다(北帶漢水, 東據高岳 南望沃澤 西阻大海)."고 하였다.

여기에서 말하는 한수(漢水)는 지금의 한강이고, 동악은 남한산과 검단산을 가리키고, 남쪽의 옥택은 두 말할 것 없이 광주(廣州) 평야이다. 광주는 바로 '넓은 들'로 지금의 서울 강남(江

49 이형구,『서울 풍납토성(백제왕성)실측조사연구』, 백제문화개발연구원, 1997, p.76.

南) 지구와 성남 분당지구로 연결되는 넓은 들일 것이다.

『삼국사기』온조왕13년(BC.6)조에는 "여름 5월에.... 내가 일전에 순시를 하다가 한수 남쪽의 땅을 보니 땅이 기름진 것이 그곳에 도읍을 정하고 오래 안정할 수 있는 대책을 꾀하는 것이 옳을 것 같다(夏五月...予昨出巡 觀漢水之南 宜都於彼 以圖久安之計)."고 한 곳과 매우 부합하고, 한강을 끼고 있는 위치로 볼 때도 풍납토성이 바로 이와 같은 지리적 여건을 갖추고 있다.[49] 기원전 6년 5월에 수도를 정하고, 그 해 "9월에 성을 쌓고 궁궐을 지었다(九月 立城闕)."고 하였다. 온조왕 13년(BC. 6년)으로부터 1994년이 되는 해가 '서울 정도(定都) 2000년'이 되는 해이다.

하남위례성의 위치에 대하여 학자들 간에 의견이 분분하였다. 일설에는 경기도 광주군 서부면 춘궁리 일대라고 하였고,[50] 한때는 서울 송파구 몽촌산성을 하남위례성이라고 하는 설도 있었다.[51]

1925년 을축년 대홍수로 서벽 일대가 유실되면서 커다란 항아리 내에서 청동제 초두가 발견되었다. 필자가 1960년 여름 처음 이곳을 찾았을 때만 해도 동문쪽과 성안에 몇 채의 농가만이 남아 있는 들판에 바람들일(풍납)성이 우뚝하였다. 그러나 지금은 온통 도시화로 성곽은 파괴되었다.

1964년 성 내부에 대한 간단한 시굴조사가 이루어졌지만 이후 더 이상 조사는 진행되지 못하였다. 1980년대 이후 급속히 주거지역으로 변모하여 유적의 훼손이 가속화되었고 성곽의 전체적인 규모를 알기 위한 측량조사가 1996년 필자에 의해 처음 이루어졌다.

필자가 풍납토성 현황조사 중 1997년 1월 재건축현장에서 백제 토기 및 기와 등 이 노출되어 있는 백제문화층을 발견하였다. 이후 공사가 중지되고 국립문화재연구소에 의하여 발굴조사를 실시하였다. 이곳에서 이른바 풍납동식 무문토기와 관련된 삼중환호(環濠)와 주거지, 백제초기의 각종 유구와 유물이 출토되어 한성백제(漢城百濟)와 관련된 막대한 양의 정보가 쏟아졌다.

특별히 주목할 만 한 점은 1999년에 동벽 2개소의 절개조사, 축성방법을 삼국시대 초기 축성법의 하나인 판축법(版築法)을 사용하고 있다고 하는 점이다. 판축법이란 평지를 다듬은 후 진흙과 황토, 그리고 모래를 섞은 흙으로 쌓고자 하는 성의 가장자리는 널을 대고 차곡차곡 다져 올라가는 축성법이다. 성벽의 견고성을 높이기 위한 부엽공법도 일부 확인되고 있다. 풍납토성이 이러한 판축법으로 쌓은 대표적인 성이다.[원색사진 19] 이로써 백제초기 수도인 하남위례성은 평지토성(平地土城)으로 풍납토성일 것으로 믿게 되었다. 출토 유물의 방사성측정연대(C^{14})는 기원(0)전후시기로 측정되었다.[52] 이 시기는 바로 온조왕 시기와 일치한다.

이 후에 경당지구의 발굴조사, 미래마을 부지와 외환은행 부지, 삼표산업사옥 부지의 시굴

---

50 이병도, 「위례고(慰禮考)」『한국고대사연구』, 박영사, p.497.

51 최몽룡, 「몽촌토성과 하남위례성」『백제사의 이해』, 학연문화사, 1991, p.96.

52 강형태.나경임, 「풍납동 유적의 절대연대측정」『한국상고사학보』34, 한국상고사학회, p.91.
국립문화재연구소, 『풍납토성』Ⅱ-동벽 발굴조사 보고서, 2002, p.119.

조사 등 크고 작은 조사가 이루어지고 있다.[사진 8] 발굴이 이루어진 일부지역은 사적으로 지정되어 있고 재건축이 이루어질 때마다 사전(事前) 조사가 의무화 되었다. 2016년 1월에 서울시와 문화재청은 하남위례성(河南慰禮城)인 송파구 풍납토성과 그 배후성인 몽촌산성 그리고 강남구 삼성동산성 등 서울 백제 유적을 2020년까지 유네스코 세계문화유산으로 등재 신청하기로 하였다.[53]

[사진 8] 풍납토성 서성벽 문지 발굴 장면. 중앙 오른쪽 석축부분. (2017. 10. 19) 삼표 레미콘 회사가 성벽중심부를 파괴시키고 시멘트 폐기물을 묻은 것이 확인되었다.

⑵ 풍납토성 내 초기 주거지

1997년에 서울 송파구 풍납토성 내 미래마을 부지에서 발굴된 주거지 가운데,[54] 이른 시기의 주거지로 '철(凸)' 자형 주거지를 들 수 있다.[55]

다-6호 주거지는 철(凸)자형의 출입구가 부가된 육각형주거지이다. 다-6호 주거지는 라-3호 주거지에 의해 동편 후면부가 결실되고, 다-20호 구상유구가 주거지를 관통하고, 124호, 130~133호 수혈 등이 후대에 중복된 상태이다. 출토 유물로는 격자문평저장경호, 흑색무문평저장경호, 격자문원저단경호 등 낙랑계 토기와 중도식(中島式) 경질무문심발, 중도식 경질무문발동체저부, 세승문토기 편이 있다.

라-3호 주거지는 평면 오각형인 '철(凸)' 자형 주거지이다. 선대유구인 다-6호 주거지의 후면부와 후대유구인 다-9호 주거지가 중복되어있다. 내부시설로는 후면부 북편에 위치한(추정) 부뚜막이 확인되었다. 주거지에서는 중도식(中島式) 경질무문토기 4개체와 중도식 경질무문토기 이외에 타날문토기 호류 등이 출토되었다.

라-8호 주거지는 전면부가 둔각상 꺾이는 오각형으로 방형의 출입구가 부가된 '철(凸)' 자형 주거지이다. 출입부는 동편에 시설되어 N-W39°의 동서방향을 장축으로 하고 있다. '출입부는 후대 라-104호 수혈로 인해 파괴되어 바닥만 잔존한 상태이다. 후면부 동쪽에 부뚜막과 부가노지가 확인되었다. 출토유물은 주거지 내부 퇴적층에서 회색 타날문토기 편과 중도식(中島式) 경질무문토기 편이, 바닥면에서는 중도식 경질무문토기 외반구연호 4개체 이상이 확인되었다.

라-17호 주거지는 '여(呂)' 자 혹은 평면 오각형의 '철(凸)' 자형 주거지이다. 내부시설로는

53 서울시(시장: 박원순)는 2016년 11일 오전 11시 신청 8층 간담회장에서 한성백제왕도 세계유산등재추진위원회 위촉식을 갖었다.

54 국립문화재연구소,『풍납토성ⅩⅤ - 풍납동 197번지(구 미래마을) 발굴조사 보고서 4 -』,2013.

55 심재연,「철기문화와 초기국가의 형성」『서울2천년사』2, 서울역사편찬원, 2015. p.257~260.

노지와 추정 쪽구들이 있다. 출토유물은 주거지 후면부 동북 모서리에서 상부승문 하부격자문 원저단경호 2개체, 노지에서 중도식(中島式) 토기 편, 세승문토기 편이 출토되었다. 바닥에서는 중도식토기 2개체와 타날격자문토기 편 등이 출토되었다.

라-19호 주거지는 장방형의 출입구가 부가된 '철(凸)' 자형이다. 주거지 규모는 남북길이가 1207cm, 주거부의 장축은 1040cm, 단축은 712cm, 잔존깊이 48cm인 대형 주거지이다. 주거지의 동북쪽 가장자리를 따라 돌아가는 쪽구들이 확인된다. 출토 유물로는 타날문계의 적갈색연질 단경옹, 회색연질대옹과 다양한 크기의 중도식 토기 등이 출토되었고, 낙랑계토기로 추정되는 횡침선 호가 확인되었다.

이들 미래마을 주거지의 상면은 해발 고도 14m에서 14.5m 사이에서 확인된다. 주거지는 출입구가 부가된 '철(凸)' 자형이다. 모두 부뚜막과 쪽구들이 확인되었으며, 또한 중도식(中島式) 토기가 출토되고 있다. 라-8호 주거지 연대는 260년 이하로 상회하지 않는다는 조사가 나왔다.[56] 3세기 이전의 주거지이다.

2) 몽촌산성(夢村山城)[원색사진 20]

남한산성에서 북쪽으로 뻗어 내린 광주평원(廣州平原) 끝자락에서 낮은 구릉(해발44.8m)위에 약간 돌출한 자연적인 지형을 최대한 이용하여 작은 구릉과 구릉 사이에만 토축(土築)으로 연결시킨 성이다. 지금까지 이를 두고 토성(土城)이라고 부르지만 엄밀한 의미에서는 산성(山城)이다.[57] [원색사진 20] [사진 9~10]

몽촌산성으로 부터 북쪽으로 1km이내의 거리에 풍납토성이 위치하며 남으로는 이성산성, 서쪽으로는 석촌동 백제 고분군과 삼성동산성으로 연결된다. 성벽의 규모는 남북 730m, 동서 570m 규모이며 전체적인 평면은 마름모꼴을 띠고 있다. 성벽의 전체 둘레는 2.7km, 높이는 가장 높은 곳이 12~17m에 달한다. 현재는 올림필 공원으로 변형되어 시민들의 휴식공간으로 활용되

[사진 9] 몽촌산성 북문 내 내성농장 부지 발굴 현장 조감도 (2016)

[사진 10] 몽촌산성 북문 내 '저수지' 발굴 현장(왼쪽, 2017)

56 국립문화재연구소,『풍납토성ⅩⅤ - 풍납동 197번지(구 미래마을) 발굴조사 보고서 4 -』, 2013, p.134.

57 이형구,「몽촌산성에서 발굴된 백제 유적과 통일신라 유적의 역사적 의의」『신라사학보』34, 2015.

고 있으며 몽촌역사관에는 몽촌산성에서 출토된 유물 및 관련된 유물 복제품을 전시하고 발굴된 수혈 · 주거지 · 건물지 등이 복원되어 관람할 수 있다.

1988년 서울올림픽 공원조성을 위하여 1983년 서울의 4개 대학의 합동조사 이후 서울대학교 박물관을 중심으로 지속적인 발굴조사가 이루어지면서 토성의 구조와 성격에 대해 알 수 있었다.

성곽의 구조적인 면에서는 한강 지류를 자연적인 해자로 삼고 자연구릉을 최대한 이용하여 성토, 판축하여 쌓은 토성이란 점이 확인되었다. 북벽에서는 목책의 흔적으로 추정되는 기둥구멍이 발견되었는데 이것이 성곽의 방어력을 높이기 위한 목책인지 본격적인 성토축성 이전에 존재하였던 목책의 흔적인지는 불분명하다.

성 내부에 대한 조사에서 확인된 유구는 적심석을 갖춘 지상건물지 1동 판축한 성토대지 1개소, 수혈건물지 9동, 저장고 31기, 적심유구 7기, 망대지 4개소, 지당 2개소 등이다. 출토된 유물은 막대한 양의 백제토기와 기와를 비롯하여 중국제 시유도기, 전문도기, 청자류, 금동제 과대금구, 철기류, 골제 찰갑 등 다양하다.

풍납동식[중도식]무문토기는 출토되지 않았으며 중국제 전문도기(錢紋陶器)의 출토상황을 고려하여 발굴자들은 축성시기를 3세기 중~후반대로 보고 이를 근거로 하남위례성으로 비정하였으나 최근 풍납토성에서 기원 전후시기의 백제 왕궁유적이 발견되고 난 이후부터는 이와 같은 주장은 철회되었다. 몽촌산성은 백제 왕성인 풍납토성을 호위하는 일종의 배후성(背後城) 이다.[58]

2015년~2017년에 걸쳐 몽촌산성 북문 내에서 재발굴이 진행되면서 맨 아래층에서 한성백제기의 유구와 유물이 발견되었고 위층에서는 통일신라시기의 유구와 유물이 발견되었다. 그러나 그 중간층에서는 아무런 유구와 유물의 흔적을 찾아내지 못하였다.[사진 9]

3) 왕성 주변의 성곽

(1) 삼성동산성(三成洞山城)

삼성동산성은 흔히 삼성동토성이라고 알려져 왔으나 사실은 한강의 본류와 탄천이 합류하는 위치에 수도산(修道山)을 감아 쌓은 일종의 퇴뫼식 산성이다. 삼성동은 경기도 광주군 언주면 삼성리였는데, 1963년 3월 1일 대치동, 청담동과 함께 서울특별시에 편입되었다. 지금은 수도산 봉은사(奉恩寺)로 유명하다.

삼성동의 자연부락은 닥점, 무동도, 학당동, 배곶이 마을 등으로 형성되어 있었으며, 닥점은 닥나무를 파는 상점이 있었기 때문에 붙여진 이름이다.

일제강점기 이후 한강을 바라보는 구릉 상부에 산성이 존재한다고 알려져 왔으나 발굴조사는 물론이고 측량이나 지표조사 등의 기초적인 조사 한 번 이루어지지 못하고 도시개발로 대부

58 이형구,「몽촌산성에서 발굴된 백제 유적과 통일신라 유적의 역사적 의의」『신라사학보』34, 2015, p.367.

분 파괴되고 최근에는 청담배수지를 건설하여 더욱 그 흔적을 찾을 수 없게 되었다. 간헐적으로 이루어진 지표조사 과정에서 약간의 유물이 출토되었다고 전해지지만 성곽의 구조와 성격에 대해서는 알려진 바가 없이 백제가 축조하였을 것으로 추정하였다.

최근, 백제학연구소가 삼성동 봉은사와 경기고등학교가 위치한 구릉성 산지와 현재 청담배수지공원이 자리한 구릉 지역을 시굴조사한 바 있다. 시굴 트렌치(1Tr)에서 판축토루(版築土壘)가 존재하였을 가능성을 확인하였다. 또 다른 트렌치(7Tr) 말단부(평탄지의 말단부)의 자연퇴적층에서는 백제토기 동체부 편이 출토되었다.[59] 지리적인 위치를 고려할 때 이 성곽이 한성백제시기에 축조되었을 가능성이 전혀 없는 것은 아니지만 그동안 적극적인 증거는 확보된 바 없었다. 이곳에서 채집된 것으로 전해지는 와당 2점은 비교적 이른 시기의 연화문으로 보고 있었을 뿐이다.

봉은사로 이어지는 남벽 쪽은 일부 구간이 축대조성 등의 행위로 인해 훼손되었지만 원상을 유지하고 있는 부분이 상당하며 고대의 문화층이 잔존할 가능성도 있다. 경기고 정문 주변인 동벽과 서벽은 훼손이 심하여 원상을 확인하기 어렵다. 전체적으로 성곽의 평면은 동벽이 길고 서벽이 짧아서 삼각형에 가까울 것으로 보인다.

현재 봉은초등학교와 청담배수지공원 일원의 원 지형보존구역과 성벽추정구역의 중첩구간이다. 청담배수지공원이 자리하기 이전에는 일대에서 가장 높은 구릉 지대였다.[60] 삼성동토성의 성벽이 잔존하였을 것으로 기대를 모았던 청담배수지공원을 비롯해 인근의 도시개발로 인해 그 흔적이 대부분 훼손된 것으로 보인다.

『서울소재성곽조사보고서』에 따르면,[61] 삼성동산성은 다른 성곽에 비해 유존상태가 불량하기 때문에 시굴조사를 거치지 않고는 유적의 규모와 성격을 규명할 수 없다. 북벽과 남벽으로 추정되는 부분을 2~3개소 씩 절개하여 성곽의 축조방법을 규명하고 연잔 범위를 추정하여 이미 크게 훼손된 것으로 보이는 동벽과 서벽 추정지점을 확인하면 전체적인 규모는 추정 할 수 있을 것으로 보고 있다.

삼성동 저층부인 봉은사 사거리 부근에서 신석기시대의 빗살무늬토기 편이 출토되고 있어 신석기시대부터 청동기시대 유적을 비롯해서 철기시대, 백제시대 그리고 신라시대로 이어지면서 인류들이 살아 왔다고 하는 사실을 시사해 주고 있다. 뿐만 아니라 삼성동 수도산 부근에서 영동 AID차관아파트 재건축예정부지에서 구석기가 발굴되었다고 보고되었다.[62] 이로 미루어 보아 삼성동산성이 있는 수도산 일대에서는 구석기시대로부터 오늘날까지 끊임없이 인류가 살아왔음을 알 수 있다.

---

59 한성백제박물관,「삼성동토성 추정지 발굴(시굴)조사완료약보고서」, 2016.
60 민덕식,「서울 三成洞土城에 대한 연구」『鄕土서울』85, 2013.
61 서울특별시,『서울소재성곽조사보고서』, 2003, p.177.
62 상명대학교박물관,『서울 삼성동 영동차관아파트 재건축예정부지 문화유적 발굴조사 보고서』, 2004.

[사진 11] 석촌동 고분군에서 바라 본 대모산성 원경(1983년 저자 촬영)

(2) 대모산성(大母山城)[원색사진 17]

대모산성은 강남구 일원동 대모산 정상부에 동서방향으로 길쭉하게 축조된 테뫼식 산성이다. 대모산 북쪽 기슭 양재천의 개포동 일대는 반포리라고 불리던 곳이다. 대모산(大母山, 해발 293m)은 늙은 할미의 모습을 하고 있어 할미산으로 부르다가 헌릉을 모신 후 어명으로 대모산으로 불리게 되었다고 한다. 대모산은 한강에서 남쪽으로 약 5km 거리에 우치하고 있는데 동쪽과 서쪽에 각각 탄천과 양재천을 끼고 있고, 인접한 구룡산과 함께 동서로 길게 뻗어 있어 한강유역 일대를 조망하기 매우 좋은 곳이다. 북쪽으로 탄천이 한강에 합류하는 지점에 삼성동토성이 보이고, 동북쪽으로는 각각 6km, 7.5km 거리에 있는 몽촌산성과 풍납토성이 잘 조망되며, 강 건너에 있는 아차산성까지 시야에 들어온다.[사진 11]

대모산성에 대한 기록은 조선시대의 지지(地誌) 자료에는 나타나지 않는다. 대모산성에 관한 기록이 처음으로 나타나는 것은『朝鮮寶物古蹟調査資料』이다. 여기에 “헌인릉의 주산인 대모산 정산부에 소형의 토루지(土壘址)가 있다”고 간단하게 기술되어 있다.[63]

1999년 한양대학교 박물관에 의해 성에 대한 시굴조사가 이루어졌다. 서울시에서 ’서울종합방재센터 119시스템 무선통신망 기지국(TRS)장비설치사업’과 관련하여 대모산 정상부에 기지국을 설치하면서 시설물이 들어설 자리에 대한 한정적인 시굴조사가 실시되었다.[64]

시굴조사 보고서에는 남벽의 길이를 258m, 동벽 5m, 서벽 299m, 5m로 전체 둘레 567m로 추정하고 있다. 통로나 문지는 현재의 등산로의 위치와 큰 차이가 없을 것으로 판단된다. 성벽의 축조방식은 대체로 편축식이다. 산의 정상부를 돌아가면서 일정 부분 ‘ㄴ’자 형태로 삭토하고 외부에 석축을 쌓았다. 성벽은 폭 40~10cm의 활석을 사용하였고 3단 정도 남아 있는 상태였다.

대모산성 시굴조사에서 단각고배, 대부완, 연질 · 경질의 각종 호(壺) 및 개배(蓋杯) 류 들은 인근의 이성산성, 호암산성, 아차산성 등 통일신라시대의 성곽에서 출토되는 유물들과 유사한

63 조선총독부(朝鮮總督府),『朝鮮寶物古蹟調査資料』, 1942.

64 한양대학교 박물관,『대모산 문화유적 시굴보고서』, 서울특별시, 1999.+

양상을 보여 주고 있다.

대모산에서는 청동기시대와 철기시대를 거쳐 신라시대의 유적이 확인되고 있으나 백제시대의 유적이나 유물이 확인되지 않았지만, 물과 4km 후방에 백제 왕궁(하남위례성)이 있었기 때문에 대모산 정상은 백제 왕경을 수호하는 관방성(關防性) 산성으로 중요한 역할을 하지 않았을까 추측된다.

『서울소재성곽조사보고서』에 따르면, 이 성은 조망은 탁월하지만 성의 형태가 동서로 길쭉하고 남북은 협소하게 되어 있다는 점, 성벽의 축조상태가 치밀하지 못하다는 점, 현재까지 기와가 채집되지 않았다.[65]

성곽의 축조시기와 성격을 정확히 판단하기 위해서는 본격적인 조사가 필요하다고 한다. 아직 백제 유물은 한 점도 발견되지 않았으나 시굴조사 지점이 매우 제한적이었다는 점, 조망이 매우 뛰어나다는 점 등을 감안할 때 축조시기에 대한 단정은 어려운 형편이다. 아울러 성벽 석축부의 규모와 범위, 축조 방식이 확인되어야 할 것이며, 성 남벽 내부에 건물지 등이 존재할 가능성이 높아 조사가 필요하다. 이와 함께 보존대책이 시급히 마련되어야 한다.

대모산(해발 279m) 정상부에서 청동기시대 주거지가 확인되었는데, 주거지에서는 점토대토기와 심발형토기 그리고 유구석부와 갈판 등이 출토되었다.[66] 이로 미루어 보아 청동기시대로부터 철기시대를 거쳐 삼국시대로 이어지면서 계속 인류가 살아 왔을 것으로 추측된다.

6. 강남지역의 삼국의 각축

1) 고구려의 남하(南下)

고구려가 강성하여지면서 한강유역으로 남하하는 남하정책을 썼기 때문에 백제의 도읍지인 지금의 서울지방은 두 나라의 각축장이 되고 말았다.[67]

광개토대왕릉비에 의하면 영락 6년(396)에 광개토왕이 백제를 쳐서 백제의 58성 700촌을 공파하고 아리수를 건너 백제의 성루 한성에 육박하니 아신왕은 사태가 적발하여 생구 남녀 1천명과 세포 1천필을 바치며 "지금으로 길이 대왕의 노객이 되겠습니다."라고 하며 항복하였으며, 광대토왕은 백제의 왕제와 대신 10명을 볼모로 삼아 개선하였다.[68]

고구려의 남하정책이 본격화된 것은 장수왕(413~191) 때였다. 장수왕은 그 15년(427)에 도읍을 압록강 중류의 국내성에서 대동강 유역의 평양으로 옮겼다. 평양으로 도읍을 옮긴 고구려는

65 서울특별시, 『서울소재성곽조사보고서』, 2003, p.181.
66 한양대학교 박물관,『대모산 문화유적 시굴보고서』, 서울특별시, 1999.
67 장창은,「고구려의 한성 공격과 한강 유역 지배」『서울2천년사』6, 서울역사편찬원, 2015.
68 이형구.박노희, 『광개토대왕릉비』, 새녘, 2014.

중국의 남북 양조와 교통하여 그의 압력을 배제하는 한편 남하정책을 단행하였다.『삼국사기』에 의하면 백제 개로왕 21년(475)에 고구려의 장수왕이 군사 3만 명으로 침입하여 왕도 한성을 포위하였는데 왕이 성문을 닫고 나오지 않으므로 고구려군은 군사를 사방으로 나누어 협공하고 또 바람을 이용하여 불을 질러 성문을 태우니 사람들이 두려워하여 나와서 항복하는 자가 많았으며, 왕은 궁지에 몰려 어찌할 바를 몰라 기병 수십 기를 거느리고 성문을 빠져나와 서쪽으로 달아나다가 고구려 군에게 살해당하였다. 그리하여 근 5백년동안 지켜오던 백제의 왕도 한성은 함락되고 비옥하고 교통의 요충지인 한강유역은 고구려에게 침공당하는 바 되었는데, 때는 고구려 장수왕 63년이다.

한편 신라의 자비왕은 백제를 돕기 위해 군사 1만 명을 보냈으나 회복할 기회를 잃고 말았으며, 9월에 왕도가 함락당한 백제는 왕이 살해되고 문주왕이 신라에서 돌아 와 즉위하고 10월에 도읍을 웅진(지금 공주)으로 옮겼다.

2) 신라의 한강유역 진출(進出)

서울은 삼국시대에 백제가 오늘의 서울 송파구 풍납동 풍납토성에 왕도(하남위례성)로 삼아 약 5백 년 동안을 통치할 때 백제의 왕경권 내에 속해 있었다. 475년 고구려가 잠시 한강유역을 장악하였으나 백제는 551년부터 553년까지 신라와 연합하여 고구려를 물리쳐 다시 서울을 탈환하였다.

백제 성왕은 신장된 국력을 바탕으로 실지 회복에 박차를 가하여 성왕 28년(550)에 고구려를 쳐서 도살성(道薩城: 천안)을 빼앗었으며, 또 그 해 금현성(今峴城: 진천)에 침입한 고구려군과 혈전을 벌였다. 그 이듬해에는 신라와 합동작전을 펴서 고구려군을 물리치고 한강유역을 회복하였는데, 이 때 백제는 한강하류 유역의 한성과 남평양 등 6군을 점령하고, 신라는 죽령 이북 고현(高峴: 鐵岺) 이남의 한강 상류유역 10군을 되찾게 되어 지금의 서울지방은 다시 백제의 영토가 되었으며, 따라서 북한성 또는 한성의 이름이 회복된 반면에 남평양이란 이름은 사라졌다. 그러나 성왕 31(553)에 동맹국인 신라가 배신하여 한강유역을 독점함으로써 백제는 한강유역을 다시 잃게 되는 비운을 맞게 되었다.[69]

신라는 지증왕 · 법흥왕 때 크게 신장된 국력을 바탕으로 진흥왕(540~576)은 대외적으로 비약적인 발전을 이룩하였다. 그는 화랑도를 제도화하고 불교를 크게 일으키며『국사』를 편찬하는 등 내치에 힘쓰는 한편 밖으로 정복사업을 전개하여 그 12년(551)에는 백제의 성왕과 연합하여 고구려를 쳐서 한강 상류지역의 10군을 점령하였고, 2년 뒤에는 백제가 점령한 한강 하류지역을 빼앗아 한강유역을 독점하였다.

『삼국사기』진흥왕 12년(551)조에 보면, 10월에 거칠부 등을 명하여 백제와 더불어 고구려를

69 정운용, 「신라의 성장과 한강 지역 지배」『서울2천년사』6, 서울역사편찬원, 2015.

침략하여 10개 군을 탈취하였다. 그런데 신라의 진흥왕은 백제와의 동맹을 깨고 한강 유역을 장악함으로써 서울은 신라의 차지가 되었다. 신라를 2년 후에 백제가 수복한 동북지방까지 탈취하여 이를 중심으로 '신주(新州)'를 설치하고 아찬 김무력으로 군주를 삼았다.[70] 이로써 나 · 제 2국의 공동북벌의 효과는 신라에 의하여 독점되고 만다.

신라의 한강유역 점유는 그 의의가 매우 큰 것이었다. 신라는 한강유역의 인적 · 물적 자원을 획득함과 동시에 한강 하류지역에 557년에 북한산주(北漢山州)를 설치하여 군사적 요지로 삼고 한강 어구(於口)를 장악하여 직접 바다로 중국과 교통하여 외교관계를 수립하였다. 신라가 한강유역을 장악함으로써 중국과 교류하는 해상교통로를 확보하게 되었고, 이로써 신라가 삼국을 통일하는데 결정적인 기여를 하게 된다.

이어 진흥왕은 23년(562)에 고령의 대가야를 쳐서 멸망시키고 대가야군 설치하였고 동북방면을 세력을 뻗쳐 함흥평야에까지 진출하였는데 정복사업은 지금에 전하는 창녕 · 북한산 · 황초령 · 마운령의 4개의 진흥왕순수비(巡狩碑)를 통하여 알 수 있다.[71]

진흥왕은 14년(553)에 백제의 동북면 즉, 지금의 서울을 포함한 한강하류 지역을 빼앗아 신주(新州)를 설치하였다가 4년 뒤인 18년(557)에 신주를 폐지하고 북한산주를 설치하였다. 그러다가 진흥왕 29년(568)에 북한산주를 폐지하고, 남천주(南川州)를 설치하여 그 중심지가 지금의 경기도 이천으로 후퇴하였다. 군사 · 군략상의 필요에 의한 것이었다. 통일 이전 신라의 행정구획은 군사조직과 밀접한 관계를 가지고 있었다.

북한산주 대신 설치된 남천주는 진평왕 26년(604)에 폐지되고 다시 북한산주가 설치되었다. 2010년 서울 종로구 명륜동 성균관대학교 교내에서 건축 예정부지 구제 발굴 중 석실묘 2기와 건물지 2동, 담장지 1기, 수혈 4기 등 총 9기의 통일신라시대의 유적이 발견되었다. 석실묘에서는 통일신라시기로 추정되는 토기 고배 4점과 고배 뚜껑 1점, 완 1점이 수습되었다.[72] 서울 사대문(四大門) 안에서 통일신라시대의 건물지와 석실이 발견되어 주목된다. 출토 유물은 대체로 6세기 후반~7세기경으로 추정되고 있는데 이 시기는 바로 신라의 북한산주가 개설된 시기와 부합된다.[73]

3) 통일신라의 한주(漢州)

(1) 한주(漢州)

신라는 꾸준히 배양하여 온 국력과 상하 국민의 일치단결로 난국에 대처하였고, 서쪽으로

---

70 『삼국사기』 권4, 신라본기4 진흥왕 14년조.

71 이 순수비는 진흥왕 16년(555) 10월에 북한산 비봉에 세웠는데, 경복궁으로 옮겨져 보관되었다가 다시 국립중앙박물관으로 옮겨져 있다.

72 이형구,「서울 종로구 명륜동 신라 석실묘 발견의 의의」『신라사학보』20, 2010.

73 이형구,「서울 종로구 명륜동 신라 석실묘 발견의 의의」『신라사학보』20, 2010, p.289.

당나라와 연결하는데 성공하여 마침내 한반도를 통일하는 위업을 성취하였다.

문무왕 15년(675)에 당의 설인귀(薛仁貴)의 군대를 천성(泉城: 예성강 어구)에서 격파하고 이근행(李謹行)의 군대를 매초성(買肖城, 지금의 양주)에서 격파하였으며, 그 이듬해에는 당의 수군을 금강하류 기벌포(伎伐浦, 지금의 장항)에서 격파하였다. 이리하여 한반도 안의 당군의 세력이 위축되어 평양의 안동도호부가 요동성으로 옮겨감으로써 신라는 반도 안에서의 지배권을 확립하고 삼국통일을 이룩하게 되었다.

신라는 삼국통일로 확대된 영역을 지배하기 위하여 신문왕 5년(685)에 새로운 지방행정조직을 편성하였는데, 그것으로 신라 본토를 3주로 하여 전구를 9주로 나누었다. 그 9주 가운데 지금의 서울지방이 예속된 한산주(漢山州)로 주치(州治)는 지금의 경기도 광주로 보는 견해가 있다. 그 관할구역은 한강유역을 중심으로 지금의 경기도 · 충청북도 · 황해도에 걸치는 광범위한 것이었다.

최근 강남구 삼성동토성과 몽촌산성 내에서 통일신라시대의 유적과 유물이 발견되고 있어 주목된다. 2016년, 강남구 삼성동 경기고등학교와 봉은사의 소유지 동쪽 수도산 삼성동산성 능선(Ⅰ지구 A구역 1Tr)에서 백제시기의 유물층 위에서 통일신라시대 토기 편이 발견되어 이 산성이 통일신라시기에도 사용되었음을 알 수 있게 되었다.[74]

2014년 송파구 몽촌산성 내 발굴조사에서 통일신라시대의 문화층에서 주거지 20기, 우물 1기, 도로유구 1기가 발굴되었다. 조사자에 의하면 출토유물들은 통일신라시대 전기인 7세기 후반에서 8세기경의 유물로 추정하고 있다. 계속해서 2015년에도 몽촌산성의 북문지 안에서 "통일신라 문화층 아래에 한성백제시기 문화층이 존재하고 있다는 사실을 확인하였다"고 하였다.[75] 백제문화층 상층에서 발굴된 통일신라시대 유적은 신라가 668년, 삼국을 통일한 이후에 한강유역을 장악하고 신라인들이 남긴 유적일 것으로 추정된다, 몽촌산성 북문 내에서 7세기 후반~8세기경의 유적이 발굴되어 주목되고 있으나 아직 그 성격에 대해서 정확히 밝혀지지는 않았다.[76] 신라가 삼국을 통일한 이후에 몽총산성을 중요 거점으로 활용했을 것으로 추정된다.[77] 여기에서 우리의 주목을 끄는 사실은 백제 층과 통일신라 층 사이에는 또 다른 문화층이 발견되지 않고 있다고 하는 사실이다. 만일 고구려가 이곳에 주둔했다고 한다면 이 사이 층에서 고구려 층이 확인되어야하기 때문이다.[78]

한산주는 경덕왕 16년(757)에 한주(漢州)로 고쳤다.[79] 지금의 서울지방에는 한양군(漢陽郡)이

---

74 백제학연구소, 「2016년 삼성동토성 추정지 발굴[시굴] 조사 완료 약보고서」, 2016, p.13.

75 박중균.최경숙.최진석 등; 「서울 몽촌토성 서부지구 내성농장부지 유적」『중부지역 고고학조사의 최전선』, 중부고고학회.한성백제박물관, 2014, p.60.

76 이형구,「몽촌산성에서 발굴된 백제 유적과 통일신라 유적의 역사적 의의」『신라사학보』34, 2015, p.365.

77 이형구,「몽촌산성에서 발굴된 백제 유적과 통일신라 유적의 역사적 의의」『신라사학보』34, 2015, p.369.

78 그것은 고구려가 백제 왕도를 불사르고 몽촌산성을 일시 점령해서 주둔했다고 하는 주장을 의심케 한다.

79 『삼국사기』 권9, 신라본기9 경덕왕 16년조. "漢山州爲漢州".『삼국사기』 권35, 잡지4 지리2. "漢州 본고句麗漢山郡新羅取之 景德王改爲漢州 今廣州"

설치되어 한주에 예속되었다. 한양군에는 영현(領縣)으로 황양현(荒壤縣: 豊壤)과 우왕현(遇王縣: 幸州)의 2현이 있다.

한양군은 고구려가 한강유역을 점유하였을 때 북한산군(일명 남평양)이라 하였는데, 신라 경덕왕 때 한양군이라 고쳤던 것으로 지금의 서울 이름의 하나였던 한양은 바로 이 신라의 한양군에서 유래되는 것이다.

(2) 불교유적 수도산 봉은사(奉恩寺)

강남구 삼성동 73번지에 봉은사가 자리 잡고 있다. 조계종계통의 이 사찰은 신라제 38대 원성왕(元聖王)10년(794) 녹회국사(綠會國師)가 한강 남안의 수도산 기슭에 절을 창건하였는데, 원래의 명칭은 견성사(見性寺)였다고 한다.

조선시대에 이르러 연산군 4년(1498) 정현왕후(貞顯王后, 성종의 계비)가 선릉을 위하여 중창하고 이름을 봉은사라 하였다. 명종 6년(1551) 봉은사 주지겸 선종판사인 보우대사가 윤원형등과 합심하여 300여 사찰을 국가공인 정찰(淨刹)로 하고 도첩제에 따라 2년 동안에 4,000여명의 승려를 뽑는 한편 승과를 설치케 하면서 봉은사는 조선 최대의 명찰이 되었다.

명종 17년(1562)에 보우대사는 중종의 능인 정릉을 선릉 동쪽으로 옮기고 선릉으로부터 1㎞쯤 북쪽에서 떨어진 현재의 위치로 절을 이전하여 중창하면서 이 절은 한국불교 중흥의 총 본산으로 군림한다. 조선시대 억불정책이 역대왕에 의해 계속 강행되어 많은 사찰이 철폐 또는 위축되었는데 봉은사만은 왕실의 후호(厚護)를 받으며 중심 도장(道場)이 되어왔다.

이 절은 임진왜란과 병자호란 등 양대 전란으로 거의 불에 타버린 것을 인조 15년(1635)에 선화경림(禪華敬林)이 중건하였고 숙종 28년(1702) 왕이 이 절에 전백(錢帛)을 하사하여 중건하였고 순조 15년(1825)에 또 한 번 중수하였으며, 1939년 다시 불에 타버린 것을 1941년 태욱스님이 중창하여 오늘에 이르고 있다. 1911년에 경기도 선종 대본산이 되어 8개군 77개 사암을 관할하였으며, 광복 후에는 조계종 총무원의 직할사가 되고 1972년부터는 동국역경원의 역장이 되었다.

주요 건물로는 대웅전, 영산전, 사부전, 북극보전, 충령각, 선불당, 심검당, 판전 등이 있으며 암자로 명성암이 있다.

선불당(選佛堂)은대웅전 한단 아래 왼쪽에 자리 잡고 있는 일종의 대중 선방으로 독특한 구조를 가지고 있다. 정면 8간, 측면 3간의 단층 팔작목조 기와집이며, 기단은 장대석 기단이고, 다듬은 초석을 놓아 두리기둥을 세웠다. 기둥위에는 주두를 얹고 쇠서를 내어 초익공양식을 이루며 처마는 겹처마이다. 지붕은 팔작지붕에 전 · 후 · 좌 · 우 네 곳에 보다 작은 합각을 형성하였다. 이 전각은 비록 연대가 오래지 않고 내부 천장과 뒤편으로 증축된 후보 등으로 다소 변형되었으나, 서울시내에 이만한 크기의 거창한 선불당은 유례가 없으며 19세기의 귀중한 목조건물로 높이 평가받고 있다. 선불당은 1985년 12월 5일 서울특별시 유형문화재 제 64호에 지정되었다.

봉은사에는 '홍무25년장흥사명동종(洪武二十五年長興寺銘銅鐘)' 이 봉안되어 있다. 이 종은 봉은사동종이라고도 하며, 1991년 5월 28일에 서울특별시 유형문화재 제76호로 지정되었다. 명문에 의하면, 홍무 25년(1392)에 여주 상두산 장흥사에서 주조되었다고 하는데, 언제 봉은사로 옮겨졌는지는 확실치 않다. 이 종은 높이 60㎝, 입 지름 49.5㎝이며, 용뉴와 음통이 떨어져 나갔지만 몸체는 완전하다. 어깨부분에는 여의주문의 입상화문대가 장식되어 있는데, 반쯤 결실되거나 마멸되었다. 상대는 상하 0.8㎝ 정도의 연주문대를 두르고 그 사이에는 연화문을 장식하였다. 네 곳에 설치된 사다리꽃의 유곽도 외곽은 연주문대를 돌리고 그 안을 연화문으로 장식하였다. 유곽아래의 두 귀퉁이에는 술 장식을 하나씩 늘어뜨렸으며, 유곽 안에는 9개의 연화형 유좌에 돌출된 유두 9개를 갖추고 있다. 종신부에는 두광을 갖추고 합장한 보살입상이 연화좌 위에 서서 구름을 타고 가는 모습으로 양각되었다. 하대는 상대와 마찬가지로 아래에 연주문대를 돌리고 그 사이에 연화로 장식된 문양대를 배치하였다. 전체적으로 고려동종의 특징을 갖추고 있다.

봉은사 판전법당에는 추사 김정희(金正喜)가 쓴 '板殿' 현판 1점이 있다. 이 현판은 추사 김정희의 말년 작품인데 "七十一果病中作 '이라고 한 관지(款識)가 있다. 추사는 이 글씨를 쓰고 3일 후에 죽었다고 전해진다. 판전에는 1855년에 南湖 永奇 스님이 조성한 금강경소초 80권 판본을 비롯하여 금강경, 유마경, 한산시, 염주경, 초발심자경문, 불족인 등 판본이 소장돼 있다.[사진 12]

[사진 12] 추사 김정희 필 봉은사 '판전' 현판

남호 영기스님은 1854년 망월사에서 설법하다가 대승불고의 대표적인 경전인 화엄경 판각불사를 발원, 많은 불자들의 환희 동참으로 방대한 판각사업을 환성하였으며, 이것을 봉안키 위해 판전법당을 신축하여 추사 김정희 서인 판전의 현판을 걸었는데, 우리나라 네 번째의 화엄경판 조성 봉안으로 기록이 전해지고 있으며, 3,175점의 경판이 1992년 12월 서울특별시 유형문화재 제84호로 지정되었다. 봉은사에서 사명대사가 쓰던 오동향로(烏銅香爐, 보물 321호)는 동국대 박물관에 보관돼 있다.[80]

---

80 서울특별시; 『서울六百年史』문화사적편, 1987, p.643.

7. 강남지역의 고려 및 조선시기 문화

1) 고려삼경(高麗三京)

(1) 남경(南京)

신라 경덕왕 이후 한양군으로 불리던 지금의 서울지방은 고려시대에 들어오면서 양주(陽州)라 불리어졌는데, 성종 2년(983)에 지방제도의 개편에 따라 양주목으로 승격되었다. 이때의 양주는 지금의 4대문 안 이였을 것이다.

현종 9년(1018)에 지사주로 격하된 양주는 문종 때에 이르러 남경으로 승격되어 서경(평양), 동경(경주)과 함께 지방제도상의 3경을 형성하며 지방행정상 중요한 위치를 차지하고 있었다.

『고려사』지리지에 보면, 문종 21년(1067)에 양주를 남경유수관(南京留守官)으로 승격스키고 근방의 군민을 옮기어 이곳에 살게 하였다는 것으로 되어 있고, 다시 『고려사』세가에 보면, 문종 22년에 남경에 새 궁궐을 지었다는 것으로 되어 있다. 이것을 보면, 문종 21년에 양주를 남경으로 승격시켜 관제를 마련하는 한편 그 근방의 백성들을 옮기어 이곳에 살게 하고 그 이듬해 남경에 새로 궁궐을 지어 그 면모를 갖추게 한 것을 알 수 있다.

『동국문헌비고』에는 문종이 창건한 남경의 새 궁궐은 숙종 때 이루어진 궁궐터와 같을 것이라고 되어 있으며, 그것이 사실이라면 지금의 경복궁 부근이 될 것이다.

문종 때 남경으로 승격하였다가 다시 양주로 격하된 지금의 서울지방은 숙종 때 다시 남경으로 승격되었다. 숙종 때 설치된 남경은 지리도참설에서 뿐만 아니라 지방행정상에서도 매우 중요시되면서 충렬왕 말까지 약 2세기 동안 지속되었다.

1308년에 충선왕이 즉위하면서 '고려삼경(高麗三京)'의 하나인 남경을 한양부로 개편하는 동시에 서경을 평양부, 동경을 계림부로 개편하였다. 충선왕 즉위 시부터 고려 말까지 한양부로 불리었다.

2003년, 서울 경복궁 안에서 흠경각 터를 발굴하다가 고려시대의 건물유구가 발견되었다고 한다.[81] 이는 12세기 초에 고려 숙종이 천도를 위해 추진되었던 남경신궁(南京新宮) 유적일 것으로 추측해 볼 수 있을 것이다.

(2) 불교유적 대모산 불국사(佛國寺)

대모산 불국사는 강남구 대모산 북쪽 기슭 강남구 일원동 자연학습원 위에 위치해 있다. 새 주소는 강남구 광평로10길 30-71번지이다. 대모산 불국사는 고려 공민왕 2년(1343)에 진정국사(眞靜國寺)가 창건했는데, 조선 고종 17년(1880)에 네 번째로 이곳에 옮겨 지은 것이다. 초창자인

81 국립문화재연구소 신희권 연구관(현 서울시립대 교수) 증언.

진정국사는 고려 개국공신 염달의 후손으로 어려서 과거에 급제하고 문장에도 능하였다. 만덕산에 들어가 원묘에 의하여 중이 되었고, 백견사의 4대 조사가 되었다.

[사진 13] 불국사 약사전 석불좌상(중앙)

이곳에 약사전이 있으므로 일찍이 '약사절'이라고 불리어져 왔다. 약사전에는 약사불(藥師佛) 형태의 석불좌상이 있다.[82] 석불좌상은 신체에 비해 얼굴이 크고 머리에는 나발이 있고 계주가 표현돼 있다. 머리의 크기에 비해 어깨가 좁고 대의는 편단우견(偏袒右肩)이다. 결가부좌(結跏趺坐)하고 두 손은 포개놓아 선정인(禪定印)을 하고 보주를 올려놓았다. 석불좌상의 전체적인 형태는 고려 말의 양식이다.[사진 13]

불국사란 명칭은 조선의 고종황제가 태종 임금의 꿈을 자주 꾸자 태종의 묘소인 헌인능의 맞은편에 위치한 이 약사절을 다시 중창하면서 붙인 이름이라고 전한다. 당시 건물은 한국전쟁 때 소실되고, 현재의 건물은 1963년 풍곡화상이 중창한 것이다.

2) 조선의 건국

(1) 건도(建都) 서울

태조는 1392년 2월 7월 17일 왕위에 오르고 첫 국호는 '화녕(和寧)'이라 하였으나 이듬해 2년(1393) 2월에 명(明)으로부터 조선(朝鮮)이란 국호를 사여 받았다. 조선은 새로운 왕조의 기틀을 마련하면서 한편으로 천도계획을 계속 추진하였다. (1394) 10월 25일 개경을 출발하여 10월 28일 한양에 도착하였다. 한양은 한반도의 중심지로서 육상교통이 편리하고 해상과 한강은 물자 운반에 편리하며 백악산 · 인왕산 · 목멱산 · 낙산의 내사산과 북한산 · 덕양산 · 관악산 · 용마산의 외사산이 병풍처럼 둘러싸고 있고 동쪽에서 서쪽으로 흐르는 한강은 천연의 요새지로서 도읍지로 가장 적당한 것이다.

드디어 3년(1394) 8월 24일 한양을 도읍지로 정한 태조는 신도궁궐조성도감을 설치하고 한양에 수도건설을 추진하는 한편 천도를 준비하여 개경에는 분도평의사사를 남겨두고 문하시랑찬성사 최영지와 상의문하부사 우인열 등으로 하여금 개경에서 업무를 관장하게 하고 각 관아에는 2명씩만 남아서 관청을 지키게 하였다.

태조는 1394년 11월 26일(음력 10월 25일) 개경을 출발 11월 29일(음력 10월 28일) 한양에 도착하였다.[83]

82 서울특별시 시사편찬위원회; 『서울2천년사』10-고려시대 사상 문화와 남경-, 2014.

83 서울특별시 시사편찬위원회; 『서울2천년사』11-조선의 건국과 한양 천도-, 2013.

한양으로 천도한 태조는 궁궐 · 종묘 · 사직 · 관아 · 문묘 · 도성 · 문루 등의 수도의 기본시설을 건설하고, 정치 · 경제 · 사회 · 문화 등 모든 부문에서 안정을 찾아 갔다. 그러나 태조 7년(1398) 8월 26일 왕자의 난이 일어났다. 새로 왕위에 오른 정종은 골육상쟁으로 피로 얼룩진 경복궁 근정전의 왕좌에 앉기가 싫었고 또한 불안하였다. 거기다 까마귀 떼들이 궁전의 주위를 날며 울고 근정전 옥상에 집을 짓는가 하면 밤이면 부엉이가 울어드는 등 자연계의 이변이 계속 일어나 더욱 불안하였다.

다음 해인 1399년 2월 26일 서운관에서 자주 일어나는 변괴를 피하기 위해서는 흉방을 피해야 한다는 상소를 올렸고 이것을 종척과 중신들이 회의에서 논의하여 개경으로 다시 환도하기를 결정하고 정종은 1399년 3월 7일 한양을 떠나 개경으로 환도하였다.

이 후 2차 왕자의 난이 끝나고 1400년 11월 13일 왕위를 선양하여 세자 방원은 3대 왕인 태종으로 등극하였다. 태종은 즉위초부터 한성 환도에 관심을 가졌고 이에 태조는 "너의 형이 한성으로 환도하려 하여 항상 나를 기쁘게 하였고, 이미 한성 환도의 뜻이 정해졌는데 너도 내 뜻에 따라서 한성 환도를 시행할 수 있겠느냐"고 물었을 때 하명대로 하겠다고 약속하였기 때문이다. 태종은 5년간이나 의견이 분분했던 한성환도 문제를 결국 돈을 던져 점을 쳐서 결정하였다. 이에 1405년 10월 8일 태종은 문무백관을 거느리고 개경을 출발하여 3일 후인 11일에 한성에 도착하였다. 정종이 1399년 3월 7일 개경을 환도한지 6년 7개월 만에 태종이 다시 한성으로 환도하여 새로운 도읍지로서 다시 조선왕조의 수도의 면모를 갖추기 시작했다.

(2) 조선의 선정릉(宣靖陵)

[사진 14] 강남구 선릉(성종릉)

강남구 삼성동 131번지 일대에는 조선왕조 9대 임금인 성종(成宗)과 그 계비 정현왕후 윤씨의 능인 선릉(宣陵)과 제11대 중종(中宗)의 능인 정릉(靖陵)이 있어 이 두 능을 합쳐 '선정릉'이라 부른다. 선정릉은 1970년 5월에 사적 제199호로 지정되었다. 면적은 약 6만평의 야산으로 송림과 잡목이 들어서 있으며, 시에서는 시민의 휴식처로 하기 위해 공원으로 설정하고 선릉공원으로 명명하였다.[84] [사진 14]

선릉은 제9대 성종과 계비 정현왕후를 모신 곳이다. 성종은 세조의 요절한 의경세자 덕종(추존)과 한확의 딸인 소혜왕후사이에 세조 3년(1457) 경북궁 동궁에서 태어났다. 비는 상당부원군 한명회의 딸인 공혜왕후이며, 계비는 정현황후 윤씨 이다. 숙부 예종이 재위 1년에 승하하자

84 서울특별시; 『서울六百年史』문화사적편, 1987, p. 793~798.

그 뒤를 이어 1469년 13세로 즉위하여 이후 7년간 세조비 정희대비가 수렴청정 하다가 1476년부터 친정을 하였다.

성종은 현군으로 세종조에 이룩했던 초기의 문화가 이때 꽃피기 시작하였으며, 특히 조선 초기의 문물제도를 정비 완성시켰다.『경국대전』을 완성 반포하고 1492년에는 『대전속록』을 완성하기도 하였으며, 『여지승람』·『동국통감』을 비롯하여 『오예의』·『악학궤범』등 많은 서적을 간행케 하였으며, 국방에도 힘을 써 압록강, 두만강 방면의 양인을 토벌하였으며, 폐쇄되었던 집현전을 홍문관으로 확충하고 독서당을 두어 유인과 문인을 우대하였을 뿐만 아니라 성균관을 비롯한 각 도의 향교에 토지와 서적을 하사하여 교육과 문화진흥에 힘을 기울였다.

경사백가에 박통하고 성리학에도 정통하여 서화에도 능하였다. 재위35년(1494)에 38세로 승하하였으며 연호는 강정이다.

정현왕후는 파평 윤씨로 우의정 윤호의 딸이다. 성종 4년(1473)에 숙의로 대내에 들어와 성종 10년(1479)에 연산군의 생모인 왕비윤씨가 폐위되자 이듬해 11월 왕비로 책봉되었다. 중종과 신숙공주를 낳았고, 향년 69세로 승하하였으며 존호는 자순화혜 이다.

선릉은 왕과 왕비릉을 동원이강(同原異岡)으로 배치하고 있다. 세조의 유교에 따라 석실을 쓰지 않았을 뿐 제반 상설을 국조오례의(國朝五禮儀)에 준하고 있다.

장명등양식은 태종의 헌릉과 같고, 석인에 있어서는 얼굴은 극히 사실적이나 몸집은 기둥 같다. 몸에 비해 얼굴이 커져서 몸의 1/4보다 더 크며 전체적으로 입체감이 상실된 보다 퇴화된 양식을 보이고 있다.

왕비릉은 병석 없이 난간만 돌렸고 대석주의 주두는 초기 난간의 부드러운 맛이 그대로 남아 있다. 그밖에 제반 능상설은 왕릉과 같다. 임진왜란 때 왕릉이 왜병에 의해 파헤쳐지기도 하였다.

정릉은 중종의 능으로, 중종의 휘는 역이며, 성종의 차자이고, 연산군의 아우로서 모후는 성종 계비 정현왕후 윤씨이며, 비는 좌의정 신수근의 딸인 단경왕후이다. 성종19년(1448) 태어났으며, 성종25년(1494)에 진성대군으로 봉해졌고, 이복형인 연산군이 폭정으로 인하여 성희안·박원종 등에 의해 몰려난 뒤 1506년 그들에 의해 제11대왕으로 추대되었다.

즉위 초 연산의 폐정을 개혁하는 기풍을 진작시켜, 1515년부터 정암 조광조(趙光祖)를 특용, 그가 주장하는 혁신적인 정치를 해오던 중 훈구파의 반발 등으로 1519년 기묘사화(己卯士禍)가 일어나 조광조 일파가 희생되는 참극이 일어났다. 그 후에도 집권세력들의 분쟁이 그치지 않아 당초의 뜻과 배치되는 화옥이 잇달았다.

국방상태도 혼란하여 1510년에는 삼포왜란이 일어났으며 1524년에는 야인의 침입이 있었다. 내치로는 미신타파를 위해 소격서를 혁파하였고 또 향촌에 향약 실시를 권장하여 상호부조정신을 기르도록 했으며, 소학 이륜행실 등을 인해하여 풍속의 순화와 유교 보급에 힘썼으나 기묘사화 뒤 폐지되기도 하였다.

그밖에 야전을 실시하고 진을 설치하고 성곽을 보수하였으며, 주자도감을 설치하여 인쇄개

량에 공헌하였다. 재위 39년(1544) 57세로 승하하였다.

처음에 정릉은 제1계비인 장경왕후의 희릉과 동원에 있어 동원이강을 이구고 있던 것을 제2계비 문정왕후가 보우대사와 의논하여 풍수상 수파가 불길하다고 하여 명종 17년(1562) 현 위치로 옮겨왔다.

이 능의 제반 능상설은 성종의 선릉제도와 석물제도를 본 땄으며, 봉토기부에 운채의 12지신상이 새겨진 병석을 돌리고 있다.

(3) 궁골 광평대군(廣平大君) 묘역(墓域)

[사진 15] 강남구 수서동 광평대군묘역

광평대군 묘역은 강남구 수서동 산10번지, 대모산 동쪽 기슭 일명 궁골이라고 하는 마을의 11만 여 평의 넓은 임야에 있다. 서울특별시 유형문화재 제48호로 지정되었다.

이곳에는 세종의 다섯째 아들인 광평대군의 사당과 그 내외의 묘소, 태조의 일곱째 아들인 무안대군(撫安大君) 방번(芳蕃)내외와 광평대군의 아들 영순군(永順君) 이하 후손들의 묘소 700여기가 함께 자리하고 있다. 그 가운데 신도비(神道碑), 혼유석(魂遊石), 석등(石燈), 석인(石人)등이 규례대로 갖추어져 있는 광평대군의 묘소가 대종을 이루고 있다.[85][사진 15]

양녕대군(讓寧大君)과 효령대군(孝寧大君)이 한 대(一代) 위이면서 그 묘소들이 훨씬 후에 쓰여졌는데 비해 광평대군의 묘소는 아버지인 세종이 생존 시에 이루어졌다는 점에서도 그 규모나 규범을 참고하는데 귀중한 자료가 되고 있다.

광평대군의 이름은 여(璵)이며, 자는 환지(換之), 호는 명성당(明誠堂)으로서 세종 14년에 광평대군에 봉해졌으며, 무안대군에게 후사가 없으므로 세종 19년에 무안대군 방번에게 입양되었다. 광평대군은 학문을 좋아하고 음률(音律), 산수에까지 밝았으며, 시호는 장의(章懿)이다. 대군은 20세의 나이로 일찍 세상을 떠났지만 그 아들 영순군 이후에는 자손이 번창하여 이씨 왕족 중에서도 후손이 많기로 유명하였다.

광평대군의 묘소는 처음 광주군 서촌 학당현 즉, 지금의 삼성동 선릉 부근에 있었는데, 연산군 원년(1495) 3월에 성종릉을 그 곳에 정하면서 당시 광주군 대왕면(현 강남구 수서동) 광수산으로 이장하였다.

이 묘역에는 광평대군신도비 · 무안대군신도비 · 영순군신도비 · 혜정공신도비 · 이현응묘

85 서울특별시;『서울六百年史』문화사적편, 1987, p.870.

비 · 이형묘비 등 여러 비가 있으며, 광평대군묘역에 전주이씨 문중의 여러 분묘의 소재위치를 기록한 '광주치서수산이씨세장기비(廣州治西秀山李氏世葬記碑)' 가 있는데, 이는 다른 곳에서 볼 수 없는 가족묘의 기록을 담고 있는 비이다.

(4) 조선시대 전통가옥(傳統家屋)

강남구 수서동 전주(全州)이씨 고택은 대모산 북동쪽 기슭 수서동 514번지에 있다. 고택은 전주이씨 광평대군파의 종중 소유로 1987년 4월 8일 강남구 전통건조물 제1호로 지정되었다. 이 집의 건립연대는 성종 때 건립된 한식가옥으로, 약 400여 년 전 광평대군의 후손인 이범선이 건립하였다고 한다.

[사진 16] 혜정공 이유(李濡) 영정 (1983년 저자 촬영)

개인의 집으로는 최대인 99간 이었으나 임오군란 때 일부가 불타버려 현재는 40간정도 남아 있다. 가옥 총 건평 49.1평에 대지는 721평인데, 안채 · 사랑채 · 문간채 등으로 이루어져 있다. 가옥의 배치는 광수산 아래 남향으로 위치하여 'ㄱ'자형 안채에 사랑채가 ㄴ자형으로 연결되어 ㅁ자형을 이루고 있으며, 사랑채가 동쪽으로 덧 달아 나와 있으며 평범한 사대부집의 형태이다. 특출한 기법은 보이지 않지만 아담하고 소담한 당시의 법칙을 볼 수 있으며 원형변경 없이 잘 보존된 집이다.

이병무가(李炳武家)로 알려진 광평대군 종택(宗宅)에는 숙종 때에 영의정에 오른 이유(李濡)의 영정과 교지가 보존돼 있다.[사진 16]

이유가 돌아가던 해(1721)에 왕(숙종)이 내린 교지에는 "大匡輔國崇祿大夫議政府領議政兼領延經弘文館藝文館春秋館觀象監事世子師贈諡惠定公者 雍正四年十月初九日"이라 적혀있다.

(5) 매봉산 산신제당(山神祭堂)

매봉산 중턱에 남향으로 위치해 있다. 현재 주소는 강남구 도곡동 산31번지이다. LG 배드민턴장에서 동쪽으로 약 30m 거리에 산신제당이 나온다. 산신제당은 '독구리산제당' 이라고도 한다. 혹시, 매봉산의 토명인 독구리산을 따서 '독구리산제당' 이 아니였는지 모르겠다. 이 마을의 동제당(洞祭堂)이다. 당우는 전면3간 측면1간의 맛배지붕이다.[사진 17]

[사진 17] 강남구 도곡동 산31번지 산신재당 전경

이 마을의 신격은 산신이며, 제일(祭日)은 10월

초에 시행하며 택일은 1주일 전에 결정 한다. 제관은 제주 1명과 제관 5~6명을 동민 몇 분이 모여 마을 사람 중 부정이 없는 사람을 선정한다. 특히 출산·초상 등 집안에 일이 있는 경우는 제관이 선출되지 못한다. 제는 백미 2두, 찹쌀 2승, 적두 4승, 그밖에 우육과 돈육이 들어가며 해어(海魚)로는 북어를 쓴다. 그리고 과실은 대추·밤·감 등을 준비한다. 제비는 동민에게 모금하며, 대상 호수는 약 40가구 정도인데 대부분 토착주민들이다.

산신제당 앞에 마을 주민들이 세워 논 설명문판에 그 내력을 적었다.

독구리 산제당

강남구 도곡동 산31번지 매봉산. 유래 : 도곡동 산제당은 언제 처음 지은 것인지 모를 정도로 매우 오래전부터 산제당이 존재하여 온 것으로 알고 있다. 적어도 이 마을에 사람이 살기 시작한 500여 년 전부터 산제당은 존재하여 왔으리라 짐작된다. 매년 음력 10월 초순에 택일하여 토착민들이 중심이 되어 서로 정성을 모아 제수를 마련하여 산제를 올리고 있다. 토착 주민들은 마을의 풍요와 번영 주민의 건강과 풍년을 산제를 올리며 기원하고 있다. 지금부터 약 60여 년 전에 산제당을 지금의 위치에서 왼편으로 약 100m지점으로 옮긴 적이 있는데 그 해에는 나쁜 전염병이 돌고 흉년이 들어 주민들이 산신령님께서 노하셔서 그 같은 재앙이든 것으로 알아 즉시 산제당을 지금의 위치로 원상복구하자 마을이 평온을 되찾았다고 한다. 지금도 주민들은 산제당 앞을 지날 때면 산신령님께 대한 감사의 인사를 드리고 또 소원을 빌기도 한다.

2002년 11월

이 마을의 이름은 행정상으로는 도곡동(道谷洞)인데, 토착명으로는 '독구리 마을' 이라고 한다. '독구리' 라고 하는 지명은 독을 짓던 곳인 '독 짓는 골짜기' 라고 하는 뜻인 '독골' 즉, '도곡(陶谷)' 이라는 옛 이름이 구전해 오면서 '독구리' 라고 불러 왔던 것으로 아마, 일제강점기에 한자명으로 개명하면서 '도곡동(陶谷洞)' 이라고 옮겨야 되는데 '도곡동(道谷洞)' 으로 불리게 된 것이 아닌지 모르겠다. 이 산신당도 독 짓는 사람(陶工)들의 예배대상인 산신을 모신 제단이었을 것으로 보인다.

맺는 글

서울 강남지역은 구석기시대로부터 오늘 날에 이르기까지 인류들이 면면히 살아 왔음을 알 수 있다. 구석기시대가 지나고 신석기시대에 오면 한강의 풍부한 수량과 한강 유역의 너른 충적층에서 농경생활을 영유하였고 청동기시대에는 수도산이나 매봉산, 대모산 등지의 비교적 높은 지대에서 생활하였음을 알 수 있다. 철기시대에 오면 다시 비교적 낮은 지대에서 생황하면서 새로운 문물을 받아드리면서 한강하류 광주평원에서 백제의 건국을 잉태하였다.[86]

86 이형구, 『백제의 도성』, 주류성, 2004, p.23.

최근에 한강 본류와 탄천이 합류되는 연결지점 사이에 위치하고 있는 강남구 삼성동에서 구석기시대의 유물이 발견되었다. 조사결과 제4기(紀) 고토양층에서 구석기가 출토되었다고 하는 사실은 일찍이 구석기시대부터 인류가 강남구 일대에서 살아 왔음을 증명해 주고 있다.

그리고 강남구 삼성동 봉은사 사거리에서 신석기시대의 빗살무늬토기 파편이 출토되었다. 이 지역은 한강 남쪽 강변에서 그리 멀지않은 곳으로 선사시대 유적이 입지하기에 알맞은 지역이다.

1970년대 후반 수도산 정상부를 삭토하여 공공시설(수도배수지)이 세워지면서 삼성동산성의 성곽이 대부분 인멸되었다. 성곽 내부는 경기고등학교 교사와 운동장 등의 시설이 들어서는 과정에서 내부의 여러 시대의 문화층은 모두 인멸되었을 것으로 보인다. 하지만 학교 건물이 성곽을 최대한 이용하여 그 내부에 들어선 것으로 판단되는 만큼 성벽 일부는 원상을 유지하고 있을 가능성이 높다.

2016년, 백제학연구소에서 삼성동산성을 시굴 조사하면서 트렌치(7Tr) 말단부인 자연퇴적층의 최하단부에서 두형(豆形) 토기를 비롯한 점토대(粘土帶) 토기 등 초기철기시대 단계의 유물이 출토되었다.[87] 이밖에 자연퇴적층에서는 청동기시대 무문토기 편과 백제토기 동체부편 그리고 신라토기 뚜껑 편 등이 출토되었다고 한다. 이로 미루어 보아 삼성동 일대에서는 청동기시대 유적을 비롯해서 철기시대, 백제시대 그리고 신라시대로 이어지는 여러 시대의 유적들이 분포되고 있음을 알 수 있다.

주지하는 바와 같이 강남지역은 초기백제시대의 왕도가 있었던 지역이다. 필자가 송파구 풍납토성 실측조사 중 1997년 1월 아파트 신축공사현장에서 백제 토기와 기와들이 노출되어 있는 것을 발견하여 백제 왕궁유적을 찾는 계기되었다.[88] 이후 공사가 중지되고 국립문화재연구소에 의하여 발굴조사를 실시하였다. 이곳에서 풍납동식토기(혹칭 중도식토기)와 이와 관련된 삼중환호(環濠) 및 주거지 그리고 초기백제의 각종 주거지와 유구가 확인되고 수 많은 유물이 출토되어 한성백제(漢城百濟)의 왕성(하남위례성)으로 확인되었다.

강남구의 삼성동산성은 한성백제시기의 중요한 왕경(王京) 외곽 방어 산성 이였을 것으로 추정되고 있다. 뿐만 아니라 대모산산성도 백제시기의 관방성(關防性)의 산성으로, 백제 왕경 수호의 중요한 역할을 하였을 것이다.

신라는 553년 한강유역을 점유하여 신주(新州)를 설치하고 한강유역의 인적 · 물적 자원을 획득하는 기회를 만들고, 557년에 북한산주(北漢山州)를 설치하여 군사적 요지로 삼고 중국과 바다로 직접 교통하여 외교무역관계를 적극 확장해 나갔다.

신문왕 5년(685)에는 주치(州治)를 북한산에서 남한산으로 옮기고 한산이라고 하였다. 그 주치는 지금의 경기도 광주로 보는 견해가 있다. 최근 삼성동토성과 몽촌산성 내에서 통일신라시대의 유적과 유물이 발견되고 있어 주목된다.

---

87 한성백제박물관,「삼성동토성 추정지 발굴(시굴) 조사 완료약보고서」, 2016, p.18.

88 이형구,『서울 풍납토성[백제왕성] 실측조사연구』, 백제문화개발연구원, 1997.

2016년, 강남구 삼성동 경기고등학교와 봉은사의 소유지 동쪽 수도산 삼성동산성 능선(I 지구 A구역 1Tr)에서 백제시기의 유물층 위에서 통일신라시대 토기 편이 발견되어 이 산성이 통일신라시기에도 사용되었음을 알 수 있게 되었다.[89]

몽촌산성 북문 내에서는 7세기 후반~8세기경의 유적이 발굴되어 주목되고 있으나 아직 그 성격에 대해서 정확히 밝혀지지는 않았다.[90]

신라 경덕왕(742~764) 이후 한양군으로 불리던 지금의 서울은 고려시대에 들어오면서 양주(陽州)라 불리어졌는데, 고려 성종 2년(983)에 지방제도의 개편에 따라 양주목으로 승격되었다. 이때의 양주는 지금의 4대문 안 이였을 것이다.

현종 9년(1018)에 지사주로 격하된 양주는 문종(1047~1082) 때에 이르러 남경(南京)으로 승격되어 서경(평양)·, 동경(경주)과 함께 지방제도상의 3경을 형성하며 지방행정상 중요한 위치를 차지하고 있었다.

1308년에 충선왕이 즉위하면서 '고려삼경(高麗三京)'의 하나인 남경을 한양부(漢陽府)로 개편하는 동시에 서경을 평양부, 동경을 계림부로 개편하였다. 이후 고려 말까지 한양부로 불리었다.

2003년, 서울 경복궁 안에서 흠경각(欽敬閣) 터를 발굴하다가 고려시대의 건물유구가 발견되었다고 한다.[91] 이는 12세기 초에 고려 숙종이 천도를 위해 추진되었던 남경신궁(南京新宮) 유적일 것으로 추측해 볼 수 있을 것이다.

조선 태조는 1392년 7월 17일 왕위에 오르고 첫 국호는 '화녕(和寧)'이라 하였으나 이듬해 2년(1393) 2월에 명(明)으로부터 조선(朝鮮)이란 국호를 사여 받았다. 조선은 새로운 왕조의 기틀을 마련하면서 한편으로 천도계획을 계속 추진하였다. 태조 3년 (1394) 10월 25일 개경을 출발하여 10월 28일 한양에 도착하였다. 한양은 한반도의 중심지로서 해상과 육상교통이 편리하고 한강은 물자 운반에 편리하며 사방이 높고 낮은 산들로 둘러싸여 있고, 동쪽에서 서쪽으로 흐르는 한강은 천연의 자원이요 요새로서 도읍지로 가장 적당한 곳이다. 그 중에도 한강 남안에 너른 광주(廣州) 평원의 중심에 강남(江南)이 있다.

≪참고문헌≫

강남구정책기획과;『강남백서』, 강남구청, 2003.2015.

강남구기획예산과;『구정백서2015』, 강남구, 2015.

김기빈;『600년 서울 땅이름 이야기』,살림터, 1993.

89 백제학연구소,「2016년 삼성동토성 추정지 발굴[시굴] 조사 완료 약보고서」, 2016, p.13.

90 이형구,「몽촌산성에서 발굴된 백제 유적과 통일신라 유적의 역사적 의의」『신라사학보』34, 2015, p.365.

91 국립문화재연구소 신희권 연구관(현 서울시립대 교수) 증언.

김무용;「京畿始興郡內 支石墓」,『考古美術』제2권 제 11호, 韓國美術史學會, 1961.

김석룡 편;『文化遺蹟 總覽』,文化公報部 文化財管理局, 1977.

김원룡;『한국사전적유적물지명표』, 1965.

공수진 외;『서울의 어제와 오늘』,서울특별시, 1988

나각순;『서울의 산』,서울특별시사편찬위원회, 1997.

문명대 외;『서울문화재대관』, 서울특별시, 1987.

민병하 · 원영환 등; 「서울의 발자취」,『서울문화』, 서울특별시, 1991.

서울시립대 서울학연구소. 한신대 박물관;『서울소재성곽조사보고서』,서울특별시, 2003.

서울특별시; 『서울六百年史』, 1987.

서울특별시 강남구; 『江南區誌』, 1993.

서울특별시 시사편찬위원회; 『서울2천년사』, 2015.

안승모; 「한강유역의 신석기 문화」,『한강유역사』, 민음사, 1993

오상화;「京畿道先史時代遺蹟地名表」,『史叢』6, 高麗大學校文理科大學史學學生會, 1961

유석재; "역삼동.대모산...잊혀진 청동기유산 찾자",『조선일보』2004.3.10.

이명규;「강남구」,『서울문화』5집, 서울문화사학회, 1999.

이병도;「광주 언주면 반포리지석을 탐사하고」『두계잡필』, 1965.

이병도 외;『漢江史』,서울特別市史編簒委員會 ,1985.

이재곤;「서울의 洞祭堂에 대하여」『서울문화』창간호, 서울문화사학회, 1994.

이융조;「새로이 발견된 구석기 및 구석기 전통 유물의 몇 예」『白山學報』20, 白山學會, 1976.

이형구;「漢江流域 서울 院趾洞 支石墓 調査研究」『韓國史學』8, 한국정신문화연구원, 1986.

이형구;「서울 풍납토성[백제왕성]실측조사연구」, 백제문화개발연구원, 1997.

이형구; 『서울 백제왕성 풍납토성』, 송파문화원, 2003.

이형구;「강남의 선사시대 문화유적」『문화강남』5집, 2004.

이형구;「역삼동 주거지 발굴보고 해설」『문화강남』5집, 2004.

이형구;「강남의 역사시대 문화유적」『문화강남』6집, 2004.

이형구;「배드민턴 코트 시멘트에 묻힌 청동기시대 산업시설」『중앙일보』 2012년 4월 26일자.

이혜은;「江南地域의 景觀變化」,『서울문화』2집, 서울문화사학회, 1995.

임병태;『韓國 靑銅器文化의 연구』, 학연문화사, 1996.

최병식 등,『강남의 역사』, 주류성, 2014.

한양대 문화재연구소; 『대모산성-보존 및 활용계획 수립 연구』, 강남구, 2011.

한양대학교 박물관;『대모산 문화유적 시굴보고서』, 서울특별시, 1999.

부록

「역삼동(驛三洞) 주거지 발굴보고」 절재(節載)

1. 발굴 경위

이 유적은 원래 서울특별시 성동구 역삼동 산 21-1 김정후 씨 소유[현재는 서울특별시 강남구 도곡동 산31-1 임야]의 매봉산(해발 96m) 중복에 위치하고 있다.

이 일대는 표고 100m 이내의 야산 줄기가 이리 저리 뻗은 준평원인데, 유적에서 정남 약 10km 전방에는 표고 544m의 청계산(淸溪山)이 있고, 2.3km 거리를 두고 동남방으로는 표고 283m의 구룡산(九龍山)이, 서방으로는 표고 290m의 우면산(牛眠山)이 각각 바라보인다.

유적이 위치한 산은 바로 청계산과 우면산 사이를 흘러 한강으로 들어가는 양재천(良才川)을 끼고 뻗어있다. 그리고 양재천을 가운데 두고 소평야가 전개되어 유적에서 내려다 보인다. 역삼동은 역촌동(驛村洞)· 말죽거리(馬粥巨里)· 양재리(良才里) 등 부락을 이웃하고 있는데, 과거 조선시대의 양재역(良才驛) 소재지로서 수원에서 서울로 들어오는 길목이다.

1966년 5월 초 숭실대학교 사학과 학생들과 한강 유역 조사의 일환으로 말죽거리 일대 야산을 답사하던 중 6.25때 군인들이 파 놓은 참호 속에서 무문토기(無紋土器) 파편을 채집하였다. 다시 참호를 계속 조사하여 돌이 별로 섞이지 않은 부식토로 차 있었음을 발견하였다. 그 부근에서 지표에 이어 암반이 나오는데 산 정상 지점이 부식토로 쌓여 있다는 것은 사람의 손길이 닿은 곳임을 알 수 있었다. 이 부식토층과 참호 속에서 나온 무문토기편과 관련이 있을 것이라는 추측을 하고 다시 지형을 살펴본 바 산 정상부인데도 약간 경사가 지긴 했지만 150평 정도의 넓은 평지를 이루고 있음을 알 수 있었다. 또 주위를 조사하였더니 약 200m 떨어진 지점에서 역시 무문토

[삽도 1] 1966년 발굴 당시 매봉산 전경(오른쪽 계곡부 분근이 발굴 지점으로 추정됨)

기 파편을 채집하게 되어 부식토층이 선사시대 유적일 것이라는 추측이 굳어졌고 테스트 트랜치를 넣어본 결과 지표에서 80cm 정도 부식토층을 파 들어가니 전과 같은 질의 무문토기 기저부분이 깨어진 채 발견되었고, 숫돌도 발견되었다.〈삽도 1〉

그리고 유물이 나타난 층위는 재와 숯으로 덮여 있었다. 이로 선사시대의 주거지가 틀림없다고 보고 이 후에 숭실대학교 사학과학생으로 발굴대(단장 임병태 교수)를 편성하여 1966년 8월 22일부터 29일까지 8일간 발굴조사를 실시하였다.

2. 발굴 경과

8일간의 발굴경과를 살펴보면 우선 현장을 전체 측량하고 처음 답사때 무문토기가 발견되었던 6.25때의 참호를 기점으로 시굴 지점을 포함하는 정남북 방향의 X3m, Y7m의 트렌치를 설정하였다. 지표를 제토하면서 얼마 깊지 않은 지점에서 지석(砥石) 2점이 출토되었다.

이 유적이 집자리라는 추측아래 작업의 효율성을 위해 유구의 윤곽선 찾기에 주력하였다. 우선 지형이 15° 정도 경사지므로 제일 낮은 쪽인 남단 시굴했던 지점을 집중 발굴 이곳을 약 80cm 깊이까지 드러낸 결과 시굴 때 나타났던 유구층이 나타났고, 유적이 확대됨으로써 처음 설정한 트렌치 구역에서 트렌치의 X대를 동으로 1m 확장하였다. 그 결과 유구의 동단을 확인하였고 그 끝부분에 일직선으로 벽이 나타나 이 주거지가 대개 남북으로 뻗친 장방형일 것으로 추측하였다. 그리고 그 장방형의 장축이 처음 트렌치 설정했던 방향과 틀려 서북 동단으로 조금 옮겨지게 되었다. 현 위치에서 출토된 유물은 돌끌과 토기 2점이었다. 유적이 확대됨에 따라 북쪽으로 트렌치를 2m 확장하였으나 북단이 나타나지 않고 더 연장됨을 알 수 있었다. 이곳에서 토기 2점이 나왔다. 또한 연장된 남벽 가까이 토기와 석부가 출토되었다. 현재까지의 주거지에서 숯과 재가 깔린 바닥이 대부분 드러나고 부분적으로는 생토층이 나타났으며 몇 곳에 기둥구멍이 발견되었다. 북쪽의 연장된 부분에서는 불타서 숯이 된 기둥이 서 있었다. 조사 결과 이 큰 숯덩이는 벽에 바짝 붙어 똑바로 서 있음이 확인되었고 이 집의 기둥임을 알게 되었다. 숫돌로 사용한 하천석(河川石), 연석(碾石), 반월형석도(半月形石刀)가 출토되었고, 북벽 가까운 지점에서는 무문토기편(無文土器片)과 단도마연토기편(丹塗磨研土器片)들이 출토되었다. 북벽은 12m를 더 연장 발굴하고서나 북단이 나타나 비로소 이 유적의 집자리의 윤곽을 알 수 있게 되었다. 이 집자리의 규모는 가로 3m, 세로 16m의 장방형의 대거주지(大住居址)로 이 유구의 북단을 연장 발굴하던 중 남방 3m지점인 처음 토기편을 채집하였던 참호자리가 교란되어 유구가 약간 파괴되었다. 최북단에서는 대호편(大壺片)과 망치돌이 출토되었다.

이 후 생토층까지 드러내는 작업을 하였으나 1~1.5m 간격으로 나타날 것 같은 기둥구멍이 발견되지 않았다. 북단에서는 석촉(石鏃) 1점과 석착(石鑿) 1점이 출토되었고, 발굴 제거한 흙더미 속에서 유경석촉(有莖石鏃) 1점이 나중에 발견되어 이것은 6.25때의 참호자리로 지층이 교란되면서 나온 것으로 보고 있다.

3. 주거지의 구조 및 상태

주거지는 길이 16m, 폭 3m의 크기로 장방형 수혈(竪穴)이다. 주거지의 장축을 서남에서 동북으로 두고 수혈이 뻗쳐있다. 따라서 정확히 동서남북으로 표시할 수 없어 장방형 수혈의 두 장벽 중 동남쪽에 있는 벽을 동벽, 서북쪽으로 면한 벽을 서벽이라 부르기로 하며, 두 단면 중 동북면을 북벽, 서남면을 남벽이라 부르기로 한다. 이중 남벽은 벽면이 뚜렷하지 않고 기둥구멍이 없는 것으로 보아 이 집 자리의 출입구로 여기고 남벽 대신 입구라고 부르기로 했다. 수혈은 벽면의 지층을 조사한 결과 수혈바닥에서 약 50~60cm 정도의 높이가 생토층이고 그 위는 부식토층이다. 수혈은 당시 생활면에서 약 50~60cm 정도 깊이로 파서 주거 공간으로 활용했을 것으로 보인다. 그리고 수혈 벽을 따라 벽에 바짝 붙어서 기둥구멍이 발견되었다. 이 기둥구멍은 1~2m 간격이며, 구멍의 크기는 직경 10~15cm이고 대개 10cm 내외의 깊이이다. 그러나 수혈 중간부분에서는 발견되지 않았다. 그리고 서벽 중간지점과 동벽 북단쯤에는 기둥이 불탄 채 숯 기둥이 각각 똑바로 서 있었는데, 굵기는 11~12cm, 높이는 20cm 내외의 참나무 숯이었다.〈삽도 2〉

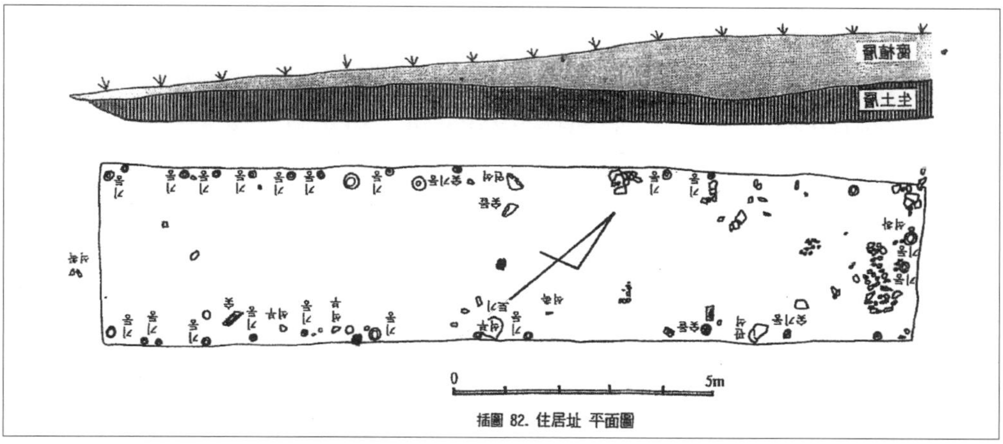

[삽도 2] 역삼동 주거지 실측도(재배치→북향)

주거지 유구의 모습을 살펴보면 우선 편평하게 고른 땅을 수직으로 50~60cm 정도로 파서 수혈을 만들고, 다음 1~2m 간격으로 벽에 붙여서 직경 10~15cm 정도의 기둥을 똑바로 세운 다음 지붕을 덮은 것이다. 그런데 지붕모양이 오늘날의 지붕모양처럼 가운데 대들보를 걸치고 양쪽으로 물미를 내었는지, 아니면 한 쪽을 높게 하고 한 쪽을 낮게 하여 단일 물미로 하였는지 알 수 없다. 그러나 수혈 가운데 기둥자리가 없는 것을 보면 가운데에는 기둥을 세우지 않을 것으로 추측하고 있다. 이 주거지의 기둥은 비교적 가는 편이며 숯 기둥이 참나무인 것을 보아 모두 참나무를 사용했을 것으로 생각한다. 그리고 입구는 남벽의 높은 면으로 보고 있는데 그 이유는 다른 면은 모두 수혈 벽이 뚜렷하지 않고 밋밋하게 경

사져 밖에서 수혈 안으로 들어갈 수 있게 되어 있고, 남벽에는 기둥자리가 하나도 나타나지 않았고 수혈 밖 30cm 지점에서 토기와 석기가 놓여 있는 것도 남벽이 입구라는 증거가 될 것이다. 그리고 이 주거지의 실내 면적은 약 12평으로 상당히 큰 집에 속하는데 칸을 막은 흔적을 찾을 수 없다. 그리고 노지(爐址)도 발견할 수 없었는데, 이 시대의 주거지에서는 수혈 가운데 노지가 있는 것도 있고, 없는 예도 있기 때문에 다른 어떤 난방시설이 있었는지는 앞으로의 조사가 필요하다.

4. 출토 유물

유물은 각각 석부(石斧) 3점, 석착(石鑿) 2점, 석촉(石鏃) 3점, 반월형석도(半月形石刀), 숫돌 6점, 마석(磨石) 1점, 연석(碾石) 1점, 망칫돌 3점, 천석(川石) 2점, 이형석기 1점이고, 토기는 무문토기(無文土器) 9점, 단도마연토기(丹塗磨研土器) 2점이 출토되었다.

1) 석기[삽도 2]

(1) 석부(石斧)

석부는 총 3점이 출토되었는데 모두 양인석부(兩刃石斧)로 손잡이는 약간 홈을 주어 엄지손가락으로 잡기 편하게 만들었다. 그 중 두 점은 손잡이 부분으로 갈수록 날의 너비보다 줄어드는 형상이고 나머지 한 점은 날부분과 손잡이 부분이 일정한 너비를 가진다. 석재는 반려암과 석섬석이다.〈삽도 3〉

[삽도 3] 석부 각종

(2) 석착(石鑿)

석착은 총 2점이 나왔고 모두 규장암(Felsite)제로 날은 편인(偏刃)이지만 반대편도 약간 갈았다. 그리고 신부(身部)에도 손질한 흔적이 남아있다.〈삽도 4〉

(3) 석촉(石鏃)

모두 유경식석촉(有莖式石鏃)으로 3점이 출토되었다. 규장암(felsite)제이며 봉부(鋒部)의 단면은 마름모꼴인 능형(菱形)을 하고 있다. 그 중 두 점은 만입(彎入)한 밑을 가졌고 가운데에 홈이 지게 만들어 구(溝)를 만들었다.

(4) 반월형석도(半月形石刀)

미완성품으로 끈을 끼우는 구멍을 한쪽에서 두개를 뚫다가 그만두었으며, 반대편에서도 마주 뚫으려다 그만 두었는데, 거기에는 이쪽편 구멍과 위치가 잘 맞지 않게 뚫기 시작하였으며 그것도 두군데나 인접해서 시착(試鑿)하였다. 날은 편인(偏刃)을 목적으로 한쪽만 갈았는데 날이 서 있지 못하였으며, 양쪽 끝 부분은 깨진 채 정형도 제대로 못하였다.

(5) 숫돌

숫돌은 가공품을 갈기 위해 만든 것으로 그 면에는 마면(磨面)한 흔적이 남기 마련이다. 이 집자리의 출토품들은 거의 양면을 사용한 흔적이 남았고 크기는 길이가 30cm가 넘는 것에서부터 10cm정도의 것까지 다양하게 출토되었다. 숫돌은 대체로 가공품을 들고서 숫돌에 가는 방법을 사용하는데 총 6점 중 2점이 이와는 반대로 숫돌을 잡고 가공품을 갈았던 것으로 나타났다. 이 경우에는 세공이 필요한 물건이었을 것으로 생각되어진다.

(6) 마석(磨石)

화강암제로 장방형 육면체에 가까운 형태인데 일면만 사용하였다. 연석(碾石) 위에다 무슨 곡물을 갈 때 갈돌로 사용한 듯한데 형태는 마연된 면이 불룩하게 되어 있어 대석(臺石)인 연석(碾石)이 움푹 패어 있기 때문이 아닌가한다.

(7) 연석(碾石)

화강암의 일면을 사용한 것으로 마면은 길이가 가운데 부분이 조금 움푹 들어가 있는데, 이것은 자연 사용함에 따라 가운데가 더 닳게 되었기 때문이다. 마면 반대쪽은 자연적인 생김새로 편평한 땅 위에 놓고 사용하기에는 어려웠을 것으로 땅에 약간 묻어 고정시켜 사

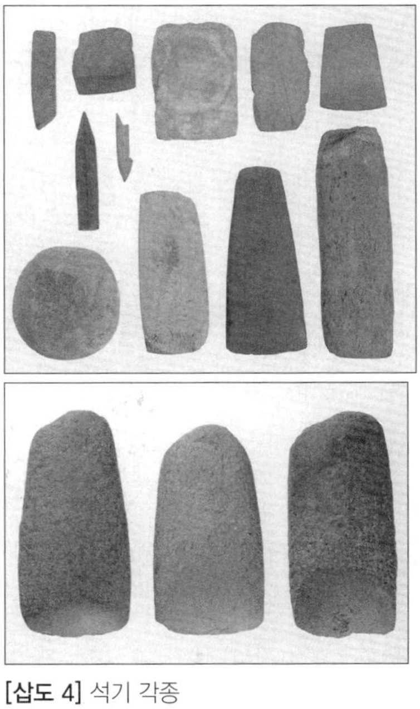

[삽도 4] 석기 각종

용 것으로 보고 있다. 보고자의 유물설명에 따르면 앞의 마석(磨石)과 연석(年石)이 한 세트를 이루었던 것으로 보인다.

2) 토기

이 집자리에서 출토된 토기는 크게 무문토기(無文土器)와 단도마연토기(丹塗磨研土器) 두 종류로 나뉜다. 〈삽도 5〉

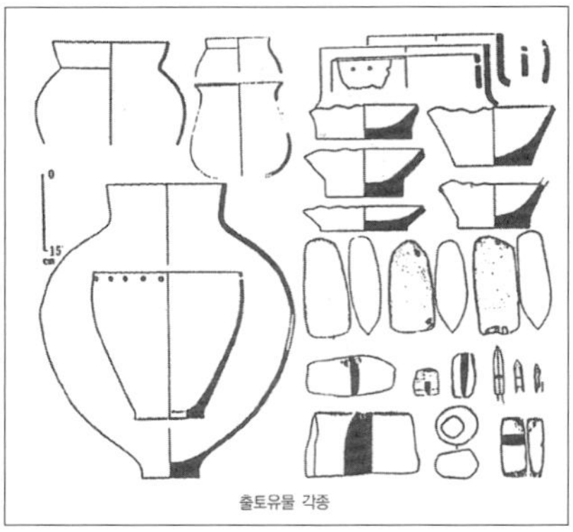

[삽도 5] 역삼동 주거지 출토 유물 실측 도면

(1) 무문토기

여러 종류의 무문토기가 출토되었으나 그 중 옹형토기(甕形土器)는 구경이 29cm, 높이 28cm, 저경 8.5cm로 토기 자체 조각조각 깨어졌었고 저부는 조금 밖에 남아 있지 않았으나 복원가능 하였다. 집 자리 입구에서 약 5m 떨어진 지점 서벽에 구연부(口緣部)를 땅에 붙이고 엎어 놓여 있었다.

[삽도 6] 공열문토기

기형은 밑이 좁고 아가리가 넓게 벌어진 나팔 모양을 하고 있는데, 동체부에 가서 약간 내면으로 구부러지면서 똑바로 올라가서 구연부는 직선형을 이루었다. 그러나 손으로 빚어 만들었기 때문에 동체부분의 내곡(內曲)도 전체가 일정하지 못하며, 따라서 기형은 정연하지 못하다. 전체적으로 무문이나 구연부 말단에 약 1cm~ 0.5cm 간격으로 찍어서 오돌토돌하게 문양을 만들었으며, 또 구연부에서 1cm 쯤 되는 기면에 3~4cm의 간격으로 직경 0.5cm 내외의 구멍을 뚫어서 일직선의 공렬(孔列)을 지었다. 구연부 말단의 구순(口脣)에는 각문(刻紋)을 찍어 낸 것은 문양일 수도 있지만 구연부를 보다 튼튼히 하기 위해서이기 때문이기도 하다. 태토(胎土)는 점토에 성근 모래를 많이 섞었으며 소성도(燒成度)가 아주 낮은 곳에서 소성하였다. 색깔은 부분적으로 회갈 · 흑갈 · 황갈색을 띠고 있다. 가마를 사용하지 못하고 굽던 과정에서 화도(火度)에 따라 색조가 변하여 일정한 색채를 내지 못했다.〈삽도 5〉

호형토기(壺形土器) 또한 기형을 복원할 수 있었는데 구경은 23.5cm, 복부직경 50cm, 저경 11cm, 높이 57cm이다. 집자리의 북벽 가까이에 깨어져 겹겹이 쌓여 있었다. 기형은 구연부가 긴

목을 가지고 바로 올라가면서 약간 외반(外反)하였고, 동체는 거의 원형을 이룰 만큼 둥글게 흘러 내려서 뾰족하게 보이리 만큼 작은 평저로 끝난다. 전면에 문양은 하나도 없으나, 구연부에 1~1.5cm의 간격을 두고 각문(刻紋)을 하였다. 색은 전체적으로 회갈색을 띠고 있으나, 부분적으로 흑갈색 · 황갈색을 나타내고 있다. 화도(火度)는 이 유적 토기 중 높은 편에 속해서 아주 단단하다. 태토는 성근 모래가 섞인 점토이며, 기벽의 두께는 1cm 내외이다.

그리고 크기가 저경 13.5cm, 복부직경 50cm 가까이 되는 토기는 매우 낮은 온도로 소성되어 조각나 복원은 불가능한 상태였다. 집 자리 입구에서 약 5cm, 지점 동벽에 붙어 놓여 있었는데 구연부는 깨어져 나가고 동체가 비스듬히 누워 일그러져 있었다. 기벽의 두께도 1cm 내외 그리고 동체로 올라가는 기저부의 면을 우글쭈글하게 하였다. 제작과정에서 굳게 하느라고 손가락으로 누른 흔적이 있다. 동체부의 기면은 짙은 흑색을 띤 부분이 많고 부분적으로는 황갈색 · 흑갈색으로 되어있다. 이 토기는 기벽의 내면과 외면의 경도(硬度)가 달라서 내면은 많이 부서져 나가고 엉성한 모래가 그대로 드러난다. 그러나 외면은 잘 손질되어 매끈하고 또 잘 구워졌다. 내면은 잘 부스러지고 태토는 성근 모래가 많이 섞인 점토인데, 특히 다른 토기보다 굵은 모래를 많이 섞었다.

토기는 수혈 북단에서 6m지점 서벽에 붙어서 깨어진 채 파편으로 쌓여 있었다. 기저부는 없었으나 기형을 짐작할 수 있다. 크기는 구경 23.3cm, 최대 복부경은 30cm의 호형토기로 평저이었을 것이다. 높이는 제도상에서 보면 약 30cm 정도일 것이고 구연부가 외반하면서 다시 약간 오므라져서 세련된 모양을 하고 있는 점과 기벽에 0.5cm 정도로 얇은 것이 특징이다. 역시 기면에는 무늬가 없고, 구연부 말단에 1cm 내외의 간격으로 각문을 하였다. 황갈 · 흑갈 · 흑색을 띠고 있고, 태토는 성근 모래를 섞은 점토이다.

⑵ 단도마연토기(丹塗磨硏土器)

단도마연토기는 총 2점이 출토되었는데 그 중 한점은 동체부 이상의 일부가 남았는데, 제도상의 크기는 구경 12.7cm, 복부직경 17.2cm, 기벽 0.5cm의 얇은 소호(小壺)이며 높이는 알 수 없다. 구연(口緣)은 약간 외반하면서 날카롭게 올라가 칼날이 되었고, 운모가루가 섞인 정선된 태토에 외면에는 단(丹)을 바르고 잘 마연하였다. 집자리 북단에서 6m 지점 무문토기편과 섞여 출토되었다.[삽도 5-2] 나머지 한 점은 구연부와 동체부만 있는데, 구연부는 외반했다. 제도상의 구경은 17.6cm, 복부직경은 20cm의 소호(小壺)인데, 기저는 완전한 평저도 아니고 완전한 환저(丸底)도 아닌 굽 없는 밑이었을 것이다. 기벽의 두께는 0.7cm로 전자 것보다 조금 두꺼운 편이며, 태토나 단(丹)의 질은 전자와 같다.

(3) 구연부편 및 저부편

구연부편과 저부편이 각각 5편씩 출토되었다. 구연부편은 구멍을 뚫어 무늬를 넣은 것이 3점으로 모두 옹형토기의 구연부로 추정하고 나머지 2점은 호형토기 것으로 보고 있다. 모두 구연부는 직선이며 아무런 무늬도 없다.

저부편도 옹형(甕形)으로 추정할 수 있는 것이 3점, 호형(壺形)으로 추정할 수 있는 것이 2점이다. 그 중 7호는 삼국시대의 적색토기(赤色土器)와 비슷한 기질(器質)을 나타내고 있다. 8, 9호는 다른 무문토기와는 달리 외면에 slip을 발라 곱게 손질하였으며 단도마연에 속할 것으로 보고 있다. 그러나 기벽의 질은 다른 무문토기와 별차 없이 굵은 모래가 섞인 점토질에 비슷한 화도로 구웠다.

3) 기타

(1) 망칫돌 3점

이 들 모두 차돌로써 인위적인 가공을 한 것은 아니지만 도구로써 부딪혀 깨어진 흔적으로 보아 무엇을 두드리고 깨거나 찧는 역할을 했을 것으로 추정하고 있다.

(2) 천석(川石)

두 점이 출토되었는데 납작한 타원형의 갈돌로 연석 위에 갈돌로 사용했을 것으로 추측하고 있다.

5. 주거지의 성격

역삼동인들의 생활상 살펴보면, 이 주거지의 실내 면적은 12평으로 이 면적은 일반 생활인의 가옥으로서는 상당히 큰 집으로 여겨진다. 그런데 이 집 자리 구조에서는 노지도 발견할 수 없었을 뿐 아니라 특별히 생활필수품을 한 곳에 모아 놓은 것도 아니며 칸막이도 없었다. 그러면서 주로 벽면에 바짝 붙어서 전체적으로 골고루 토기를 비롯한 유물들이 흩어져 놓여 있었기 때문에 이것은 이 주거인들이 실내 전체를 거실처럼 사용했고, 동시에 그들이 기거하면서 손닿기 편리한 곳에 도구들을 두고 썼기 때문이었을 것으로 추측한다.

이로 가족 수를 가늠해보면 고대사회의 가족 수를 대개 부부와 자녀 3인 계 5명으로 계산하는 것이 통례인데 한 쌍의 부부를 단위로 한 가족이 생활한 집은 아니었을 것이다. 기본 5명을 이루는 한 가족이 거처하기에는 난방문제 등으로 보면 필요이상으로 크다고 보기 때문이다. 따라서 이 집의 면적이나 생활도구의 양을 보아 3가족쯤 살았던 것으로 보면 15~16명 정도의 가족이 생활 했을 것으로 추측한다.

또한 무문토기인들의 집 자리 중에는 직경 6~7m 규모의 원형 또는 방형 수혈식 집 자리가 있는데 이러한 집 자리에 비해 월등히 크기 때문에 당시의 사회구조의 일면을 달리 해석해 보았는데 즉 가족제도에서 소가족제(小家族制)가 중가족제(中家族制) 형태로 변화되는 과정 속에 있다고 보고 있다. 지금까지는 단일가족 단위로 주거 생활을 하면서 경제면에서는 씨족공동체적 생활을 해오다가 금속문명이 들어오면서 경제생활에도 사회구조에도 변화를 일으키게 되고 이 집 자리가 한 집안에 3세대 정도가 같이 생활하면서 가부장적 사회로 변천해간 과도기적 시기에 해당되었던 것이 아닌가 생각한다.

다음으로 경제생활을 살펴보면, 이미 우리나라에서는 신석기시대부터 농경이 시작되었으리라고 보고 있는데 이 유적에서는 농경도구인 반월형석도가 출토됨으로써 이 유적이 농경인의 집 자리임은 틀림없다. 그러나 그들의 농경이 어떤 성격의 것인지, 또 어떤 형태였는지는 분명히 알 수 없다. 우선 도작(稻作)이 시작되었는지도 여기서는 언급할 수 없다. 농업다음으로 중요한 생업이 수렵이었을 것이다. 그것은 무문토기 유적이 해안, 하반(河畔)에 많이 분포되어 있는 빗살무늬토기(櫛文土器)유적과 대조적으로 내륙 구릉지대에 주로 분포하였다는 점에서 그러하다. 그런데 이번 유적에서는 사냥도구의 대표적인 유물인 석촉이 3점이나 발견되었다. 그리고 어로(漁撈)또한 이 시대의 인간들에게는 필수적이었을 것이다. 이 유적에서는 어로 도구가 하나도 출토되지 않았지만 위치가 한강반(漢江畔)이고, 주위 무문토기 유적에서도 어로 도구가 발견되었으므로 이곳만 예외일수는 없었을 것이다.

이 유적은 수편의 무문토기편에 의하여 청동기시대에 속하는 유적일 것으로 추측하였으나, 청동기는 한편의 파편도 발견하지 못하였고, 본 유적의 가장 근거리에 있고 또한 가장 유사한 유물이 출토된 가락리(可樂里) 집자리[92]나 명일리(明逸里) 집자리[93], 옥석리 집자리[94]에서도 청동기는 출토되지 않은 이유에 대하여 그 당시 특권층이 아니면 소유하기 힘든 물건으로 이 집 자리의

92 현 서울특별시 강동구 가락동에서 조사한 청동기시대의 집자리로써 평면 장방형의 수혈집자리로 출토유물은 토기가 발형(鉢形), 호형(壺形), 접시등이고 석기는 돌낫, 돌화사록, 송곳, 방추차(紡錘車), 숫돌 등이 있다. 이 출토 토기형을 보아 팽이토기(角形土器)의 특징을 갖추었지만 바닥지름이 비교적 작고, 곧은 목이 있어 형식적으로 팽이토기보다 늦은시기로 보고있다.
김정학, 1963,「광주 가락기 주거지 발굴보고」『고문화 2』, 한국대학박물관협회

93 현 서울특별시 강동구 명일동에 있는 청동기시대 집자리 유적이다. 이 집자리는 원형으로 기둥구멍이 발견되었고 집자리 바닥에 숯이 깔려있었다. 이 유적에서도 가락리유적과 비슷하게 토기가 출토되지만 가락리유적의 토기보다 다소 늦은시기로 보고있다. 또한 석기는 석검(石劍), 석촉(石鏃), 숫돌, 갈판 등이 있었는데 석촉은 밑에 만입(彎入)한 형식을 갖춘 것이 대부분이었다.
김정학, 1962,「광주 명일리 집자리 발굴보고」『고문화 1』, 대학박물관협회

94 경기도 파주군 월롱면 옥석리에 소재하고 있으며 청동기시대의 집자리로써 무문토기편들이 출토되었는데 대부분이 구연부에 구멍을 뚫은 공렬토기이다. 석기는 마제석검, 마제석촉, 방추차, 다두석부(多頭石斧), 석부 등이 출토되었으며 탄소연대측정결과 2590±105B.P.가 나왔으며 기원전 7세기경으로 보고있다.
윤무병, 1987,『한국청동기문화연구』, 예경산업사

주인은 특권층이 아니었을 것으로 보았고 또는 이 집 자리가 화재를 당했던 것이기 때문에 화재를 당했던 때 그들이 중하게 여기는 물건들은 미리 옥외로 옮겨놓았을 것으로 추론하였다.

6. 주거지의 연대 문제

이 유적의 연대를 알아보기 위해서는 유물을 타 유적의 유물과 비교할 필요가 있다. 먼저 이번에 출토된 석기 중 석촉이 3점인데, 그 중 2점은 밑이 만입(灣入)하고 봉부 중앙에 홈이 파져 있는 유통무경식(有樋無莖式)으로 타 석기의 이런 형식들은 대개 금속기의 모방으로 보고 있다. 이런 석촉은 이 유적과 4km밖에 떨어져 있지 않는 광주(현 서울 송파구) 가락리 집자리에서도 출토되었으며 역시 한강 유역으로 가까운 거리에 있는 (강동구)명일리 집자리에서는 4점이나 출토되었다. 한강하류 파주군 월롱면 옥석리 집자리에서도 여러 점이 출토된 바 있다.

석착(石鑿)은 2점이 출토하였는데 가까이에는 경기도 광주군 덕풍리와 양주군 도곡리, 고양군 능곡리에서도 출토되었다. 이와 같은 석착은 북한의 황주군 심촌리의 2호 집자리와 황주군 청진동 집자리, 황해도 봉산군 신흥동 2 · 6 · 7호 집자리 등의 여러 집 자리에서도 출토된바 있다.

다음은 토기로 무문토기는 청동기시대를 대표하는 데 본 집자리에서는 무문토기가 주를 이루었다. 이들 무문토기는 그 기형상 크게 두 가지로 나누어지는데 이러한 현상은 가락리토기와 거의 비슷하다. 그 중 옹형으로서 구연부 약 1cm 경부(頸部)에 일렬로 구멍을 뚫었고 말단에는 각문(刻紋)을 하였는데, 가락리토기는 입술을 두텁게 하기 위하여 이중으로 띠를 붙이고 그것을 잘 붙게 하기 위하여 손톱이나 도구로 찍어 각문을 하였다. 시문위치가 다를 뿐 수법이 똑같고 또 전체 기형도 같다.

또한 이 토기는 북한의 여러 주거지에서 발견되는 소위 팽이그릇과도 흡사하다.[95] 그러나 팽이그릇은 그 구연을 밖으로 접어 감아서 이중으로 두껍게 하였고 동부(胴部)가 좀 더 볼록하다. 그 접어감은 구연에 역시 각문을 한 것이 있는데 가락동토기와 똑같은 수법으로 본다. 이상에서 역삼동 집자리는 타 유적과 비교해 본 결과 다른 무문토기 주거지들과 동시대의 것이라고 추측하기에 충분하다 하겠다.

그러나 청동기시대의 상 · 하한이 아직 결정적인 해결을 보지 못하고 있어 결론을 내릴 수는 없지만 대략 기원전 5 · 6~2세기, 기원전 6 · 7~ 2세기 정도로 추정하고 있다.

가락동토기나 역삼동토기는 구연부가 외반하지 않는 차이점을 가지고 있으나, 이것은 구연

95 "팽이토기의 기형은 팽이에 작은 바닥을 붙인 것 같고 구연은 화분처럼 겹으로 되어, 그 겹으로 된 부분 바깥에는 서너 줄의 평행 사선열(斜線列)이 서로 방향을 바꾸어 가며 얼마간의 간격으로 배치된다. 태토는 모래 · 활석가루· · 석면이 섞여 있다. ... '각형(角形)토기' 라고도 하는 이 토기는 청천강 이남의 평남 · 황해도 지방에 퍼져있고 남쪽 한계선은 한강하류 유역이다." (김원룡,『한국고고학개설』, 일지사, 1986, p.77)

부가 똑같이 외반하고 있으며 거기에는 똑같은 각문이 시문되었다.

따라서 역삼동 주거지의 연대는 청동기시대의 상한을 가장 올려잡는 기원전 7세기~4세기 간에 생존했던 사람들의 주거지라 볼 수 있다. 그런데 앞서 인용한 바 있는 옥석리집자리가 숯을 시료로 한 동위원소에 의한 연대측정에서 2590±105BP.로 나왔다. 전술한 바와 같이 옥석리 집자리와 그 유물의 성질이나 수혈 형식에서까지 똑같아 동 시대 집자리로 보아 틀림없을 것이다. 따라서 역삼동 주거지의 연대도 여기에 준하는 것으로 추측하고 있다.

최근에는 역삼동주거지의 연대를 상당히 올려 보는 경향이 있다. 청동기시대의 편년으로 전기 중반인 기원전 11세기로 편년하고 있다.[95] 이 문제는 차후 상론하기로 한다.

[서울 강남구 도곡동 산31-1번지(현 지번은 도곡1동 161-2번지임) 매봉산 도곡근린공원에 위치하고 있는 이 유적은 1966년 숭실대학교 사학과 조사단(단장 김양선 교수)에 의하여 발굴된 우리나라의 대표적인 청동기시대 유적이다. 「驛三洞 住居址 發掘報告」· 원문은『사학연구(史學研究)』20(한국사학회, 1968)에 실렸던 것으로, 발굴자인 고 임병태(林炳泰,1936~1995)교수의 유작집인 『한국청동기문화의 연구』(학연문화사, 1996, pp. 230~258)에 재록된 것을 숭실대학교 박물관의 동의를 얻어 절약(節約)하여 강남문화원에서 발행하는 『문화강남』5호(2003.12)에 개재한 것이다.]

---

95 황재운, 「중부지방 공열토기의 확산과 문화 변동」『역삼동 유형의 시공간적 위치 및 문화적 의의』, 숭실대학교 박물관.한국청동기학회, p.57.

제Ⅱ부 探求

역삼동(驛三洞) 주거지의 원위치(原位置) 탐구

차례

머리글

1966년에 서울 강남구 도곡동(구 강동구 역삼동) 매봉산에서 숭실대학교 박물관에 의하여 청동기시대 주거지 유적이 발굴되었다. 이 주거지는 폭 3m, 길이 16m, 깊이 50~60cm로 건물의 폭이 좁고 전면이 긴 세장방형(細長方形)의 움집 형태의 수혈식(竪穴式) 주거지이다.

주거지의 실내 면적은 16평 정도의 비교적 큰 집인데 칸을 막은 흔적은 없다. 이 정도 면적은 당시 일반 생활인의 가옥으로는 상당히 큰 주거지이다.

'역삼동 청동기시대 수혈 주거지' 가 실제로 있어야 할 자리에는 '매봉 배드민턴 클럽' 의 실내 배드민턴장 코트가 만들어져 있다. 그 앞에 강남구청에서 세워 놓은 '역삼동 청동기시대 수혈 주거지 유적' 안내판이 있다. 현재 지번은 강남구 도곡1동 161-2번지 공유지로 돼 있다.[사진 1]

[사진 1] 강남구 도곡근린공원 실내 배드민턴장과 '역삼동 주거지' 안내판(왼쪽, 2016)

매봉 배드민턴장의 코트는 가로 30m 세로 15m정도의 콘크리트로 바닥을 조성해 놓았다. 강남구 주민들의 생활체육시설인 실내 배드민턴장 바로 앞에 삼성직원아파트가 들어서 있다.

오래 전부터 매봉산을 답사했던 필자가 2003년 여름에 다시 찾아 갔을 때도 최근에 답사했을 때도 실내 배드민턴장 앞에는 '역삼동 청동기시대의 수혈 주거지' 라는 안내판은 그대로 있었다. 이 유적지의 보전을 위해 궁리하던 끝에 먼저 강남구 주민들의 이해를 얻기 위해 2003년 12월에 강남문화원에서 발행하는 『문화강남』 제5호(2003.12)에 '강남의 역사문화를 바로 새우자' 라는 특집으로 「강남의 선사시대 문화유적」과「역삼동 주거지 발굴보고 해설」등 2편의 글을 실어 역삼동 주거지의 학술적 가치를 재조명하는 한편, 유적의 현황소개 및 보존대책을 강구하였다.[1]

2004년 3월 10일에는 강남문화원(권용태 원장)의 초청으로 문화원 강당에서 필자는 '역삼동 청동기 주거지 유적 살리기' 라는 주제로 "문화 대특강"을 갖었다.[2][사진 2] 당일 강연을 마치고 참가자들과 함께 현장을 답사하고 '사적 살리기 운동' 을 펼 칠 것을 주창하였다.[3][자료 1]

[사진 2] 강남문화원 주최 "역삼동 유적 살리기" 학술강연회의 필자(2004.3.10)

2004년 3월 15일 / 대한문화재신문

문화재소식 5

강남구 매봉산 일대에는 청동기시대 유적 산재해

[자료 1] 강남문화원 회원들의 역삼동 주거지 답사 기사(『대한문화재신문』, 2004.3.10)

필자의 강연 소식은 2004년 3월 12일자 『조선일보』에 "역삼동. 대모산...잊혀진 청동기유산 찾자"라는 내용으로 보도되었다. 그리고 필자는 2004년 8월에는 「강남의 역사시대 ,문화유적」이라는 제목으로 『문화강남』 제6호(2004.8)에 발표하였다. 그러나 관리당국은 무감각이다.

2004년 6월 강남문화원에 '강남문화유산보존위원회' (회장 권용태)를 구성하는 한편, '강남구 매봉산 청동기시대 유적의 정비 보존 계획' 을 만들어 강남구청 담당부서에 역삼동 유적의 현황을 보고하고 보존대책을 건의하였다.[부록 Ⅰ]

그러나 강남구청의 답변은 강남구 주민의 생활체육시설을 대체할만한 곳이 없어 어쩔 수 없다고 한다. 지금도 별로 다를 바 없다.

필자는 2012년 4월 26일자 『중앙일보』에 「배드민턴 코트 시멘트에 묻힌 청동기시대 산업시

1 이형구, 「강남의 선사시대 문화유적」 『문화강남』 제5호, 강남문화원, 2003.

2 김태식, 「서울 강남문화원, 문화유산 운동 전개」 『연합뉴스』, 2004.3.1.

3 최병식, 「청동기시대 주거지가 배드민턴장으로 변해-우리의 부끄러운 문화수준 보여주는 매봉산 '역삼동 청동기시대 주거지' 파괴 현장 '-」 『대한문화재신문』, 2004.3.15.

설」이라는 제목으로 전면 칼럼을 써서 역삼동 유적을 보존하자고 하소연했지만 역시 당국자는 무반응이다.[부록 Ⅱ]

2014년 7월 7일에는 강남문화원(최병식 원장)의 초청으로 "강남문화원 학술강좌"에서 「강남구의 선사시대 문화유적-'역삼동문화'를 중심으로-」라는 제목으로 학술강연을 갖인 바 있다. 역삼동 주거지의 보존을 역설하였지만 아직까지 아무소식이 행정당국은 없다.

강남구청에서 강남구 도곡1동 161-2번지 공유지에 '역삼동 주거지' 안내판까지 세워놓았는데 그 정확한 위치에 대해서 설왕설래하고 있다. 그래서 필자는 십 수 년 전부터 이 유적의 원위치(原位置)를 확인하기 위해서 많은 답사도 하고 논문도 발표한바 있다.

2004년부터 강남문화원에서 논문을 발표하고 강연을 통해서 역삼동 주거지의 원위치인 실내 배드민턴장이라고 주창하고 역삼동 주거지 구명운동을 전개해오기를 십 수 년이 지났지만 지금도 하나도 변한 것이 없다.

금년은 마침 역삼동 주거지가 발굴 된지 50주년이 되는 해라서 다시 이 유적의 정확한 위치를 면밀히 조사해야겠다는 취지에서 수차 현장을 탐사하여 역삼동 주거지의 원래의 위치를 확인했다.

1. 역삼동 매봉산(梅峰山)[원색사진 13]

역삼동 주거지를 찾아 나서기 위해서 지하철 3호선 매봉역 2번 출구를 나와서 좌측으로 삼성 도곡 아파트(삼성직원아파트)쪽으로 50m쯤 가다가 우측으로 다시 50m정도에서 울트라멤버스 빌라 앞으로 난 '도곡근린공원' 입구를 지나서 삼성아파트 담장을 끼고 산길을 따라 약 100m를 올라가면 녹색 텐트 천으로 만든 대형 가건물이 나오고 전면에 '매봉 배드민턴 클럽'이라고 쓴 간판이 눈에 들어온다.[원색사진 13] 그 왼쪽에 번쩍 번쩍하는 알미늄제 안내판이 세워져 있는데 자세히 보면 "역삼동 청동기시대의 수혈 주거지(驛三洞 青銅器時代의 竪穴 住居址)"라고 쓴 안내판이 보인다. 유적 표시 안내판의 오른 쪽에그 뒤로 초록색 대형 천막 가건물이 있다. 이곳은 강남구 역삼동 '매봉 배드민턴 클럽' 회원들이 사용하는 실내 배드민턴장이다. 1996년에 강남구청은 이곳을 '역삼동 주거지'로 인정하고 안내판을 세웠을 것이다. 당시 지번은 강남구 도곡동 산32-1번지라고 기록되어 있으나 현재 지번은 강남구 도곡1동 161-2 공유지로 되어있다.

실내 배드민턴장에서 등산길을 따라서 약 350m 서쪽으로 가면서 도곡동 산32번지 능선에 다다르게 되는데 여기에서 산신제당 건물이 먼저 나온다. 다시 여기서 능선 왼쪽으로 속칭 할머니 배드민턴장이 나온다. 할머니 배드민턴장은 서남향으로 흘러내린 능선을 절토해서 만든노천 배드민턴장은 상,하 2좌(座)가 조성되어 있다. 아래 배드민턴장은 젊은이들이 많이 사용하고 있어 '젊은이 배드민턴장'이라 하는 이 배드민턴장은 15° 정도의 산 능선을 깎아서 가로 18m, 세로

15m의 80여 평 정도의 노천 배드민턴장을 만들었다.

아래 배드민턴장에서 서북쪽으로 약 30m 거리에 또 하나의 배드민턴장이 나오는데 아래의 배드민턴장과 비슷한 구조로 이 배드민턴장을 속칭 할머니 배드민턴장이라고 말한다. 이 배드민턴장 역시 서남향으로 약 15° 정도의 능선을 절토해서 가로18m, 세로17m의 약 90여 평의 배드민턴코트가 설치되어있다.

속칭 할머니 배드민턴장에서 능선을 따라 동북방향으로 약 260m 올라가면 매봉산 정상부인 매봉에 이른다. 정상부에는 약간 경사지긴 했지만 100평 정도의 둥근 평지로 형성되어 있고 그 위에 가로 7m, 세로 10m 크기의 데크가 설치되어 있다. 데크에서 북쪽으로 5m 정도 거리에 국기 개양대가 있고 그 옆에 돌을 쌓아놓은 높이 약 1.5m정도의 석단이 있다. 이곳이 해발 96m이다.[사진 5]

2. 매봉산 정상부[원색사진 14]

먼저 역삼동 주거지의 원위치를 확인하기 위해서 「역삼동 주거지 발굴보고」를 토대로 임 교수일행이 1966년 5월 초 매봉산 정상을 찾아가서 조사한 기록을 추적해 보면, "1966년 5월 초 숭실대학교 사학과 학생들과 한강 유역 조사의 일환으로 말죽거리 일대 야산을 답사하던 중 6.25때 군인들이 파놓은 참호 속에서 무문토기(無文土器) 파편을 채집하였다. 다시 참호를 계속 조사하여 돌이 별로 섞이지 않은 부식토로 차있었음을 발견하였다. 그 부근에서 지표에 이어 암반이 나오는데 산 정상 지점이 부식토로 쌓여 있다는 것은 사람의 손길이 닿은 곳임을 알 수 있었다. 이 부식토층과 참호 속에서 나온 무문토기 편과 관련이 있을 것이라는 추측을 하고 다시 지형을 살펴본 바 산 정상부인데도 약간 경사가 지긴 했지만 150평 정도의 넓은 평지를 이루고 있음을 알 수 있었다."고 하였다.[4]

매봉산(梅峰山)은 해발 96m이고. 산세는 관악산에서 우면산에 이어져 내려 온 낮은 봉우리가 바로 매봉산이다. 매봉산 앞에는 청계산에서 흘러 한강으로 유입하는 양재천이 있다. 매봉산에서 남쪽으로 바라보면 양재천을 끼고 개포동 일대에 소평야가 전개되고 동남쪽으로 대모산이 있고 남쪽으로 구룡산이 있다.

매봉산 정상에는 현재의 지형과 지세로 보아 참호를 팔 만한 지형이 아니다. 정상의 표토는 부식암반으로 약간 평평하게 형성되어 있다. 그리고 북측과 동측은 비교적 가파른 절벽으로 형성되어 있다. 매봉산 정상의 현재 지번으로는 도곡동 산179-2이고, 구 지번은 강남구 도곡동 산31-1 이다. 약간 경사지긴 했지만 100평 미만의 둥근 평지 위에 최근 가로 7m, 세로 10m 크기의 데크(Deck)가 설치되어 있다.

4 임병태, 「역삼동 주거지 발굴보고」 『한국 청동기문화의 연구』, 학연문화사, 1996, p.230.

매봉산 서쪽은 약간 가파르지만 최근에 경사면을 절토(切土)하여 약 30평가량의 야외운동기구를 설치하고 5평정도의 가건물을 세워 '매봉조기회' 라고 하는 간판을 걸어놓았다. 현재의 지형으로 봤을 때 참호를 팔만한 장소가 보이지 않는다. 절토해서 만든 좁은 지면에는 가로 16m, 세로 3m, 깊이 80cm의 장방형 주거지가 안치될 만한 공간이 없다. '매봉조기회' 가 있는 곳은 전체적인 지형으로 보아 선사시대 유적이 있을만한 지형이 아니다.

매봉산의 남쪽 전면에는 양재천을 끼고 소평원을 이루고 있어서 사람이 살기 좋은 환경이므로 혹시 산 정상에 제천이나 신앙을 위해서 특별히 무슨 시설을 했을지도 모르겠다 싶었는데 사람 키만 한 석단(石壇)이 있다.[사진] 실제로 '산신제당(山神祭堂)' 은 매봉산 서남쪽 중턱(해발 63m)에 있다.

3. 할머니 배드민턴장[원색사진 15]

매봉산 정상에서 서남향으로 약 280m 내려와서 구릉부에 2좌의 배드민턴장이 나타난다. 능선 위에 있는 배드민턴장을 주민들에 의하면 속칭 '할머니 배드민턴장' 이라고 약 50m 남쪽 아래에 있는 것을 'LG 배드민턴장' 이라고 한다. '할머니 배드민턴장' 의 현재 지번은 강남구 도곡1동 산 32-6번지이다.[원색사진 15]

할머니 배드민턴장은 매봉 정상에서 내려오는 구릉을 절토(切土)하여 배드민턴장을 조성하였다. 구릉 상에 위치하고 있어 바람에 노출돼 있다. 완만한 구릉을 높이 1.3m 절토하여 가로 17m, 세로 16m 크기의 평지에 배드민턴 코트 1좌를 설치했다. 바닥은 생토층으로 해발 77m이다.[사진 3]

[사진 3] 강남구 도곡1동 산32-2번지 속칭 '할머니 배드민턴장' 코트.(2016.10) 16m 주거지를 안치할 수 없다.

현재 배드민턴장의 동북측 절토면의 높이가 130cm로 측량되고 서남단은 바로 경사면으로 이어지고 있다. 이점은 유적의 유무(有無)를 밝히는데 매우 중요한 자료이다. 왜냐하면 원 보고자인 임병태 교수의 야장(野帳)에 기록에 역삼동 주거지의 북단의 절토면이 160cm로 측량되었기 때문이다.[5]

이로 미뤄보면 북단의 높이가 적어도 50cm의 오차가 보인다. 할머니 배드민턴장은 동서

5 박경신, 「역삼동 유적 발굴조사 개요」『역삼동 유형의 시공간적 위치 및 문화적 의의』, 숭실대학교 한국기독교박물관, p.28. '임병태 교수의 肉筆 원고' 의 의하면 "2차에 걸쳐 북쪽으로 향해 주거지의 길이를 따라 트렌치를 연장 발굴한 결과 폭3, 길이17m의 장방향의 주거지가 드러났다. 북단은 160cm, 남단은70cm정도 지하에서 주거지 바닥이 드러났다."고 하였다.

17m, 남북 16m로 방형에 가깝고 좌위(座位)는 330° 이고, 좌향(坐向)은 서남향으로 안치되어 있다. 절토해서 만든 좁은 지면에는 가로 16m, 세로 3m, 깊이 80cm의 장방형 주거지가 안치될 만한 공간이 없다. 좌향이 동남향인 역삼동 주거지와는 맞지 않는다.[지도 2]

4. LG 배드민턴장[원색사진 16]

이 배드민턴장은 할머니 배드민턴장에서 약 30m 아래에 위치하고 있는데, 도곡동 배드민턴 동호회 클럽에서 사용하고 있다.[사진 7] 이 배드민턴장은 주민에 의하면 'LG 배드민턴장' 이라고 한다. 현재 지번은 강남구 도곡1동 산32-3번지이다. LG 배드민턴장은 매봉산 정상에서 서남으로 300m정도 내려와서 구릉 상에 1.8m 높이로 절토하여 정남향으로 배드민턴 코트를 만들었다.[원색사진 16] 크기는 가로 18m, 세로 15m로 형성되어있고 바닥은 콘크리트층으로 해발 70m이다. 절토해서 만든 좁은 지면에는 가로 16m, 세로 3m, 깊이 80cm의 장방형 주거지가 안치될 만한 공간이 없다. 좌위(座位)는 정북이고, 장축이 동서향으로 좌향이 동남향인 역삼동 주거지와는 역시 맞지 않는다.[사진 4] 구릉 상에 위치하고 있어 바람에 노출돼 있다.

[사진 4] 강남구 도곡1동 산32-3번지 'LG 배드민턴장' 코트. (2016.10) 표토에서 2m파서 주거지를 안치 할 수 없다.

LG 배드민턴장에서 동쪽으로 약 30m 거리에 산신제당(山神祭堂)이 나온다. 산신제당은 '독구리 산제당' 이라고도 하며 동제당(洞祭堂)이라고도 한다.[제 I 부에 자세히 소개함]

5. 실내(室內) 배드민턴장

매봉산 배드민턴클럽은 강남구 도곡동 산31-1외 193필지로 조성된 '매봉산 도곡근린공원' 내에 위치하고 있다. 실내 배드민턴장의 현재 지번은 강남구 도곡1동 161-2번지 공유지이다.[자료 2] 실내 배드민턴장 앞에는 '역삼동 청동기시대의 수혈 주거지' 라고 안내판이 세워져 있다. 매봉 배

[사진 5] 강남구 매봉산 역삼동 주거지 원위치인 실내 배드민턴장(흰색 건물) 원경(2013.12)

드민턴 클럽 회원들이 사용하고 있는 실내 배드민턴장은 '도곡근린공원'에서 가장 주목되는 곳으로 사회체육활동 장소로서 활발하게 운용되고 있다.[사진 5]

실내 배드민턴장의 지형은 매봉산 정상(해발 96m)에서 동남쪽으로 흐르는 계곡을 따라 200m 내려와서 우측으로 약 200평 정도의 낮은 평지로 형성돼 있다. 최근 실내 배드민턴장 부지의 해발 고도를 실측해 본 결과 40m 높이로 확인되었다.

실내 배드민턴장은 매봉산 정상에서 흘러 내려오는 구릉의 4부 능선 정도에 가로 46.7m, 세로 18.5m 넓이의 평탄한 대지형이다. 실내 배드민턴장 부지의 북쪽 절토면(切土面)은 높이가 2.0m이다.

실내 배드민턴장은 가로 31.7m, 세로 16.2m 넓이의 콘크리트 구조로 바닥을 깔고, 그 위에 녹색천으로 만든 대형 천막을 덮고 그 안에 2좌의 배드민턴 코트를 안치하였다.[사진 5의 전면 가건물] 실내 배드민턴장의 좌향은 편동 175°로 거의 정남향으로 설치하고, 서쪽 노천에도 가로 15m, 세로 18.5m 크기의 바닥에 회삼물(灰三物)을 깔고 배드민턴 코트 1좌를 남북으로 설치하였다. 이 안에는 가로 16m, 세로 3m, 깊이 0.3m의 장방형 주거지가 충분히 안치될 만한 공간이다.[지도 2]

노천 배드민턴장 부지에서 서쪽 5m 거리에 매봉산 계곡에서 흐르는 약수(藥水)가 지금도 샘솟고 있다. 여러 가지 지리적 정황으로 보아 옛날에도 사람이 살기에 적합한 곳으로 보인다. 실내 배드민턴장의 전면에는 삼성직원아파트 단지가 조성되어 있다.[사진 5의 왼쪽 건물]

역삼동 주거지가 발굴되던 1966년에는 서울 성동구 역삼동 산21-1번지였다가 행정구역 변경으로 강남구 도곡동 산32-1번지로 바뀌었었는데 강남구 토지이용계획확인서를 보면 최근에 다시 강남구 도곡1동 161-2번지로 바뀌면서 임야가 '공유지'로 바뀌었다.[지도 1] 임야에서 공유지로 변경되었다고 하는 것은 대지화한 것이 아닌가. 영구건물을 건축하기 전에 유구 확인 조사를 실시해야 한다.

6. 고찰

「역삼동 주거지 발굴보고」에는 "이곳이 산 정상부인데도 약간 경사가 지긴 했지만 150평 정도의 넓은 평지를 이루고 있음을 알 수 있었다."고 말하고, 이어서 "또 주위를 조사하였더니 약 200m 떨어진 지점에서 역시 무문토기 파편을 채집하게 되어 이 부식토층이 선사시대 유적일 것이라는 추측이 굳어 졌다. 일단 조사를 중지하고 그 다음 토요일 재차 이곳을 조사하게 되었다. 이날은 간단한 작업도구를 조사하여 처음 토기편이 발견된 지점에서 10m 서쪽 지점(150여 평 평지의 최남단)에 가로 1m, 세로 2m의 테스트 트랜치를 넣어 보았다. 지표에서 80cm정도 부식토층을 파 들어가니, 전주(前週)에 발견한 것과 똑같은 질의 무문토기 기저부분이 깨어진 채 발견되었고, 숫돌 1점도 발견되었다."고 하였다.[6] 그래서 '이곳을 발굴조사 하게 되었다.' 고 하였다.[7]

이 보고서의 문맥을 통해서 보면 정상부에서 남쪽으로 200m 떨어진 지점에서 선사시대 유적이 발견되었다고 하는데 우리가 가장 주목하고 있는 실내 배드민턴장이 바로 200m 떨어진 지점임을 알 수 있다. 그리고 이 문장에서 토기편이 발견된 지점이 150여 평의 평지의 남단이라고 말하였는데, 매봉산 기슭에서 150평 정도의 평지는 바로 실내 배드민턴장 부지뿐이다. 현재 실내 배드민턴장 부지의 면적은 가로 36.7m, 세로 18.5m로 약 200평이다. 무문토기와 숫돌 등이 발견된 이곳을 발굴조사하게 되었다고 하였다. 이곳을 '역삼동주거지' 라고 했다. 처음 발굴조사 될 당시에는 폭(세로) 3m 길이(가로) 17m의 장방향의 주거지가 북단은 160cm, 남단은 70cm정도 지하에서 바닥이 드러났다고 하였다.[8]

이곳 도곡동 주민이나 혹자는 매봉산 서남 구릉 위의 일명 '할머니 베드민턴장' 을 역삼동 주거지의 원 위치라고 주장하고 있다. 그러나 '할머니 베드민턴장' 은 주거지를 건축할만한 입지조건이 아니다. 반면에 할머니 배드민턴장의 부지는 가로 18m, 세로 17m 크기로 면적은 90평 정도이다.

「역삼동 주거지 발굴보고」에는 "본 유적지는 장방형의 장축을 서남에서 동북으로 두고 수혈(竪穴)이 뻗쳐 있다."고 하였다.[9] 그리고 조사자인 임병태 교수의 야장(野帳)에 의하면 폭 3m 길이 17m의 장방향의 주거지가 서북단은 160cm, 동남단은 70cm정도 지하에서 주거지 바닥이 드러났다고 하였다.[10] 이로 미뤄보면 할머니 배드민턴장의 경우, 동북-서남 장축의 길이가 17m 안에 장축의 길이 17m인 주거지를 서북단 160cm, 동남단 70cm 깊이의 수혈(竪穴)을 파들어 가는 것은 불가능하다.

이만한 면적의 주거지가 안치될만한 곳을 찾는다면 매봉산 기슭에서는 '역삼동 청동기시대의 수혈 주거지' 라고 안내판이 세워져 있는 실내 배드민턴장 밖에 없다. 한편, 2016년 가을 필자와 함께 현장을 동행한 정명호(鄭明鎬) 교

[사진 6] 서울 강남구 도곡동 매봉산 역삼동 주거지 안내판 앞에서 저자에게 이곳이 발굴 현장이라고 증언하는 정명호 교수(왼쪽)

6 임병태, 「역삼동 주거지 발굴보고」『한국 청동기문화의 연구』, 학연문화사, 1996, p.230.

7 임병태, 「역삼동 주거지 발굴보고」『한국 청동기문화의 연구』, 학연문화사, 1996, p.232.

8 박경신, 「역삼동 유적 발굴조사 개요」『역삼동 유형의 시공간적 위치 및 문화적 의의』, 숭실대학교 한국기독교박물관, p.28.

9 임병태, 「역삼동 주거지 발굴보고」『한국 청동기문화의 연구』, 학연문화사, 1996, p.235 주1).

10 박경신, 「역삼동 유적 발굴조사 개요」『역삼동 유형의 시공간적 위치 및 문화적 의의』, 숭실대학교 박물관.한국청동기학회, p.28.

수는 과거 1966년 여름 발굴 당시 현장을 방문한 기억을 더듬어 보면서 실내 배드민턴장이 발굴 장소라고 증언하였다.[11][사진 6] 이곳의 현재 지번은 강남구 도곡1동 161-2번지 공유지(公有地)이다. 그리고 전 서울시사편찬위원회 사무국장이였던 박경용 선생은 1990년대 초 『강남구지(江南區誌)』를 집필하기 위하여 발굴자인 임병태 교수와 현장을 방문했을 때 실내 배드민턴장이 역삼동 주거지의 발굴 장소라고 증언하였다고 한다.[12]

실내 배드민턴장 부지의 좌위(座位)는 북위 350°로 근북(近北)이고, 좌향(坐向)은 80°로 거의 남북방향으로 안치되어 있다. 만약 이곳이 역삼동 주거지의 원 위치가 분명하다고 한다면 가로 36.7m, 세로 18.5m 부지(205평)에 가로 16m, 세로 3m 크기의 주거지가 충분히 들어갈 수 있다. 그리고 「역삼동 주거지 발굴보고」의 실측도면(평면도)에 의하면 주거지의 장축 방향은 북위 310° 방향이고 좌향은 130°로 동남향으로 실내 배드민턴장 부지 안에 주거지가 거의 일치하도록 안치할 수 있다.[자료 2]

발굴자인 임병태 교수의 야장에 의하면 폭 3m 길이 17m의 장방향의 주거지가 북단은 160cm, 남단은 70cm정도 지하에서 주거지 바닥이 드러났다고 하였는데,[13] 실내 배드민턴장 부지

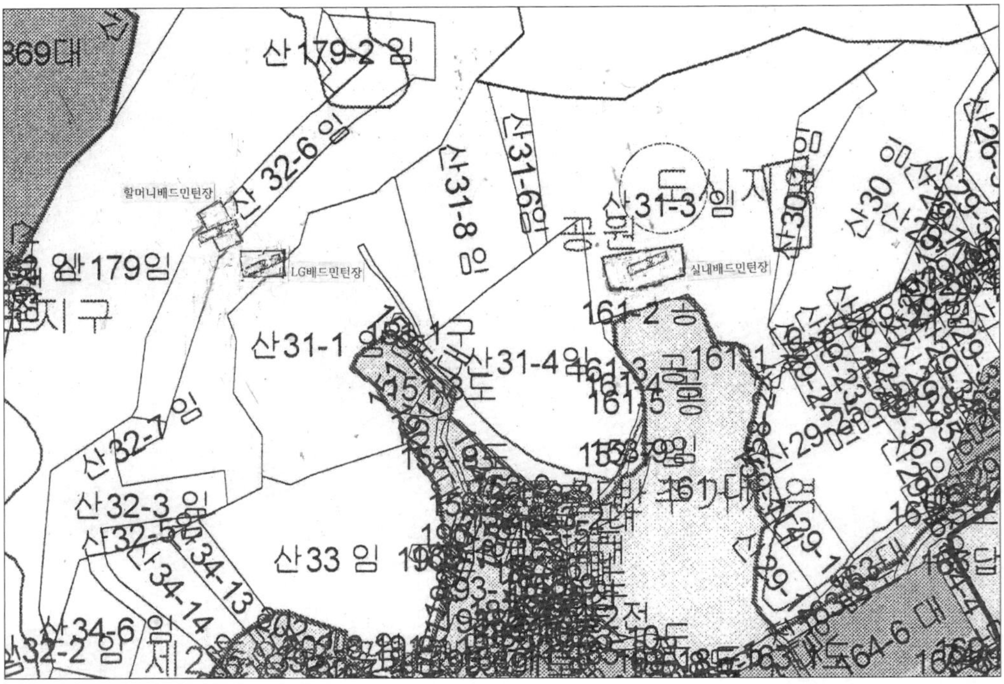

[자료 2] 서울 강남구 도곡동 161-2번지 공유지 토지이용계획확인서. 중앙의 실내 배드민턴장에 주거지를 배치한 그림

11 「역삼동 주거지 발굴보고」에 의하면 1966년 8월 27일 정명호 교수(동국대)가 현장을 내방하였다고 기록하고 있어 (p.235) 정 교수를 모시고 두 차례나 현장을 확인하였다.

12 최근 몇 차례의 전화통화와 대면 담화에서 여러 가지 궁금한 예기들을 들려 주었다. 참고 자료로는 『강남구지(江南區誌)』(강남구청, 1993)와 『서울문화유적』2(수문출판사, 1999)가 있다.

13 박경신, 「역삼동 유적 발굴조사 개요」『역삼동 유형의 시공간적 위치 및 문화적 의의』, 숭실대학교 한국기독교박물관, p.28.

의 북쪽 절토면 높이가 200cm로 실측되고 있어 주거지의 북단이 160cm가 들어갈 수 있는 조건이다. "본 주거지는 장방형 주거지의 장축을 동북에서 서남으로 두고 수혈(竪穴)이 뻗쳐 있다"[14] 고 하였으므로, 현재의 실내 배드민턴장 부지의 가로 36.7m, 세로 18.5m의 평면 내에 대각선으로 장방형 주거지를 동북에서 서남으로 충분히 배치될 수 있다. 그렇게 되면 폭 3m, 길이 17m, 북단 160cm, 남단 70cm의 장방형 수혈 주거지를 안치할 수 있다.[15]

발굴조사 당시 주거지의 북단 단면이 160cm의 깊이로 파내려가서 수혈(竪穴)의 바닥면이 드러났다고 하는데, 현재의 실내 배드민턴장 부지의 북벽 단면이 200cm로 실내 배드민턴장의 북측 콘크리트 바닥의 표면이 원래 주거지의 수혈 바닥면보다 20cm 더 깊이 파여져 있다. 실내 배드민턴장의 부지의 콘크리트 기초가 20~30cm두께로 추정한다면 실내 배드민턴장의 콘크리트 기초의 저면은 북변 절토부분이 지표로부터 220~230cm정도 내려갔을 것으로 보인다.

필자는 일찍이 역삼동 주거지의 고고학사적 위치와 학술사적 위치는 물론 유적의 원 위치에 대해 많은 관심을 가지고 수차례 현장을 답사하였다. 2003년 초에 역삼동 주거지의 원위치를 찾는 일을 본격적으로 시도하였다. 그 첫 결과물이 2003년, 강남문화원의『문화강남』5호에 실렸는데,「강남의 선사시대 문화유적」에 소개된 역삼동 주거지의 원위치를 현재의 실내 배드민턴장으로 추정하였었다.[16]

실내 배드민턴장 전면에는 1996년 5월에 강남구청에서 세운 '역삼동 청동기시대의 수혈 주거지' 안내판이 있다.[원색사진 9][자료 3]

1996년 5월 강남구청에서 실내 배드민턴장 앞에 세워 논 역삼동 주거지 안내판에 기록된 역삼동 주거지의 소재지는 '강남구 도곡동 산 31-1' 로 표시되어 있으나 현재의 지번은 강남구 도곡1동 161-2번지 공유지(公有地)로 구분되어 있다.[17] [자료 2]

역삼동 주거지 안내판은 1996년 5월 강남구청에서 세웠다고 명시되어 있지만 그보다 앞서 1993년 9월에 강남구청에서 발행한『강남구지(江南區誌)』에 의하면,

> 도곡동 32번지-1호(구 역삼동 산21의 1) 매봉산 위에는 청동기시대의 주거지가 있다.... 이 주거지는 사적이나 서울시 문화재로 지정되지 않아 현재 주민들의 건강을 위한 배드민턴 경기장으로 사용되고 있다.

고 하였다.[18] 이로 미뤄보아『강남구지(江南區誌)』가 집필된 1993년 9월 이전에 이미 역삼동 주거지 위에 배드민턴장이 조성되었음을 알 수 있다.

---

14 임병태,「역삼동 주거지 발굴보고」『한국 청동기문화의 연구』, 학연문화사, 1996, p.235.

15 임병태,「역삼동 주거지 발굴보고」『한국 청동기문화의 연구』, 학연문화사, 1996, p.234. "발굴보고서에는 가로3m, 세로16m의 장방형의 대주거지인 것이다."라고 하였다.

16 이형구,「강남의 선사시대 문화유적」『문화강남』제5호, 강남문화원, 2003.

17 서울특별시 강남구청,「토지이용계획확인서」, 2016년 10월 14일 열람.

18 서울특별시 강남구,『강남구지(江南區誌)』, 1993, p.712.

[자료 3] '역삼동 청동기시대의 수혈 주거지' 안내판 전문

역삼동 청동기시대의 수혈 주거지(驛三洞 靑銅器時代의 竪穴 住居址)

소재지 : 강남구 도곡동 산 31-1

BC. 7~4세기 경 청동기인 들이 살았던 것으로 추정되는 이 주거지의 크기는 너비 3m, 길이 16m의 장방형이며, 유물로는 무문토기 9점, 돌도끼 3점, 반월형 돌칼, 단도마연토기 2점 등 다수가 출토되어 숭실대학교 부설 한국기독교박물관에 소장되어 있다. 또한 이 주거지는 한강유역에서 흔히 발견되는 중기 무문토기 유적에 속하며 파주 옥석리와 여주 흔암리 주거지가 가장 연대적으로 가깝고 가락동 주거지보다는 약간 후대에 속하며, 명일동, 수석리, 아차산 주거지보다는 이른 시기의 것이며, 한강유역의 벼농사가 시작된 뒤의 한 전형적인 주거지로서 화재로 인하여 유물이 원 위치에 놓인 채 고스란히 보존되어 있으므로 생활양식의 복원에 중요한 자료가 되고 있다.

사적이나 서울시 문화재로는 지정되어 있지 않다.

1996. 5.

강 남 구 청

[사진 7] 서울 강남구 도곡동 161-2 매봉산 천연식수(약수)와 역삼동 주거지(실내 배드민턴장)

현장 안내문에 기록된 1996년 5월보다 2년 전인 1993년 9월 이전에 이곳은 이미 배드민턴장으로 사용되고 있었고 이 시기에 강남구에서는 이 자리가 숭실대학교 박물관에서 발굴한 청동기시대의 주거지의 소재지임을 알고 그 자리를 표시하였으나 사적이나 서울시 문화재로 지정되어 있지 않았다고 기록하고 있다. 이곳이 곧, 청동기시대 사적지라는 것을 강남구가 확실히 인정하고 있었던 것이다. 1996년 5월에 강남구청이 이 자리에 안내판을 세울 때 아무 근거(根據)없이 세웠을 리 만무하다.[자료 3]

역삼동 주거지는 매봉산을 진산으로 좌우에 날개가 펼쳐져 있는 형상으로 전면에는 양재천이 흐르고 남쪽으로 구룡산을 안산으로 삼고 양 날개로 바람을 막고 자리 잡고 있는 주거지 옆에 천연 식수원인 샘이 솟고 있으니 옛날이나 지금이나 사람이 살기 좋은 명당임이 틀림없다. 이곳 주민들은 최근까지도 이 물을 약수(藥水)로 길러 먹었다.[원색사진 10][사진 7]

필자의 오랜 추적 조사 결과, 강남구 도곡1동 161-2번지 공유지로 돼 있는 실내 배드민턴장[19]이 바로 '역삼동 주거지'라고 결론을 내렸다.

19 강남구가 최근 강남구 도곡1동 204번지에 '도곡근린공원 실내배드민턴장'을 신축하고 있다. 지상 2층 약 1,000㎡ 철골 배드민턴장은 2017년 상반기에 완공 예정이라고 한다. 이 배드민턴장이 완공된 후에 도곡1동 161-2번지 공유지의 실내배드민턴장이 이전한다면 이곳을 재발굴 할 수 있는 기회가 올 수도 있을 것이라고 하는 희망을 가져 본다

맺는 글

작년(2016)이 역삼동 주거지 발굴 50주년이 되는 해였는데도 역삼동 유적은 아직도 특별한 변화가 없이 그대로 실내 배드민턴장으로 사용되고 있어서 또 다시 역삼동 주거지의 복구를 위해 발 벗고 나섰다.

역삼동 주거지에서는 마제 석기 류와 토기 류가 출토되었는데 마제 석기 류는 석부, 석착(石鑿), 반월형 석도, 이형석기와 석촉 등이다. 역삼동 주거지에서 출토된 석기 유물 가운데 우리의 주목을 끄는 점은 석기를 가공할 때 사용하는 숫돌, 마석, 망칫돌 등 석제 공구(工具)와 석기를 만들다가 만 반제품(半製品)인 반월형 석도와 이형석기 그리고 석기를 만들기 위한 재료인 석재(石材)가 포함되었다는 점이다. 이와 같이 석제 공구, 반제품, 석재가 출토되고 있는 점으로 미루어보아 석기를 만들던 공방(工房)으로 추정된다. 석기 제작에 필수적인 물(샘)이 주거지 옆에 있다고 하는 사실은 이를 더욱 뒷받침한다.

특히 이 주거지는 건물의 폭이 3m, 길이 16m인 새장방형(細長方形)의 주거지로, 칸막이 시설도 없이 실내 전체가 화덕자리(노지)가 발견되지 않고 있는 것으로 보아 사람이 숙식하는 거주지(居住地)라기보다는 석기를 제작하던 작업장인 공방(工房) 건물이였을 것으로 보인다.

한편, 석부와 석착(石鑿)는 농경 도구로 사용되었을 것으로 보이며, 반월형 석도는 곡물을 거두는 수확 도구이고, 연석과 천석(川石)은 곡물을 가는 도정(搗精) 도구로 사용되었을 것으로 보인다. 이로 미루어 보아 역삼동 주거지의 인류들은 주로 농경 생활을 하였을 것으로 추측된다. 그리고 사냥도구나 무기로 사용되었을 것으로 보이는 석촉이 여러 형태로 출토되었는데 아마 수렵도 곁들여 생활 하였을 것으로 보인다.

역삼동 주거지에서 출토된 토기 류는 옹형토기, 호형토기, 공렬문 각형토기, 단도마연토기 그리고 여러 편의 무문토기 편이 출토되었는데, 그 중에는 물 그릇이 많은 것이 특징이다. 공렬문토기는 높이 28cm 복원되었다. 대형 옹형 토기는 크기기 50cm이상 추정되는 토기로 물독으로 사용하거나 곡물을 저장하였을 것으로 보인다.

역삼동 주거지애서 출토된 공열문토기를 비롯하여 마연토기, 무문토기 등을 대표하는 토기를 '역삼동토기' 혹은 ' 역삼동식토기' 라고 이름하여 우리나라 청동기시대의 대표적인 토기이다.

글로벌 시대에 세계 최고의 문화도시라고 자처하는 서울의 강남구(江南區)에서 고대 유적 위에 현대체육시설이 놓여 있다고 하는 사실은 우리들을 당혹케 한다. 이곳이 바로 각종 고고학. 역사 관련 서적에 올라있는 '역삼동 청동기시대의 수혈 주거지' 인지 의심스럽다.

1996년 5월 강남구청에서 세운 안내판 내용 대로라고하면 '역삼동 청동기시대의 수혈 주거지' 의 유적이 남아 있어야 하는데 그 대신 현대인의 '실내 배드민턴장' 이 들어서 있다. 안내문에는 "사적이나 서울시 문화재로는 지정되어 있지 않다"고 강조하였는데, 그로부터 20년 후인 2016년까지도 국가 사적이나 서울시 문화재로 지정되지 않고 있다. 국가사적이나 서울시 사적으로 이미 지정됐어야할 정도로 중요한 유적 위에 강남구 주민들의 생활체육시설인 실내 배드민턴장이 여전히 고대유적 위에 있다.

만에 하나 청동기시대의 유적을 깎아내지 않고 유적 위에 시멘트를 덮어씌우기만 했다고 믿고 싶다. 설사 배드민턴장 지반공사 중에 유적이 파괴되었다고 해도 발굴당시의 도면을 이용하여 재발굴해서 역삼동 주거지의 원위치를 확인해야 한다. 이미 유적의 흔적이 남아있지 않다고 할지라도 1996년도 발굴 도면을 활용하여 충분히 복원할 수 있다.

하루 빨리 강남구 도곡1동 161-2번지 공유지의 실내 배드민턴장 바닥 아래에 파묻혀 있을지도 모르는 청동기시대 주거지 유적을 재발굴(再發掘)하여 '역삼동 주거지' 의 원래의 위치를 찾아내는 것이 역삼동 주거지 발굴 50주년을 맞은 학계와 관계당국의 과제이다.

아울러 우리나라의 대표적인 청동기시대 유적인 '역삼동 주거지' 를 발굴 당시의 도면을 참고해서 복원하여야 할 것이다. 그 것이 강남구가 무문명(無文明) 상태를 벗어나는 길이다.

일부 주민들의 생활체육시설인 실내 배드민턴장보다도 우리나라의 대표적인 청동기시대 유적인 '역삼동 주거지' 를 복원하는 것이 주민이나 구민에게 더 큰 정신건강을 위하는 길 일 것이다.

역삼동 주거지의 원위치를 찾기를 무려 이십 년이 다 돼 간다. 마침내 그 원래의 위치를 찾아 내었다. 역삼동 주거지 자리인 실내 배드민턴장을 철거하고 재조사한 후 그 자리에 주거지를 복원하고 도곡근린공원 안에 청동기시대의 산업생산과정을 보여 줄 수 있는 '고대산업전시관' 이나 '고대산업박물관' 을 만들어 역사체험공원으로 조성하는 일이 최고의 문화도시가 되는 길이다. 그래서 오늘의 서울 강남구가 하루 아침에 세계적인 명품도시가 되지 않았다고 하는 사실을 역사적으로 증명해 주어야 한다.

≪참고문헌≫

이형구, 「강남의 선사시대 문화유적」『문화강남』 제5호, 강남문화원, 2003.

김태식, 「서울 강남문화원, 문화유산 운동 전개」『연합뉴스』, 2004.3.1.

최병식, 「청동기시대 주거지가 배드민턴장으로 변해-우리의 부끄러운 문화수준 보여주는 매봉산 '역삼동 청동기시대 주거지' 파괴 현장 '-」『대한문화재신문』, 2004.3.15.

임병태, 「역삼동 주거지 발굴보고」『한국 청동기문화의 연구』, 학연문화사, 1996

박경신, 「역삼동 유적 발굴조사 개요」『역삼동 유형의 시공간적 위치 및 문화적 의의』, 숭실대학교 한국기독교박물관

서울특별시 강남구, 『강남구지(江南區誌)』, 1993

박경용, 『서울문화유적』2, 수문출판사, 1999

부록

Ⅰ. 강남구 매봉산 청동기시대 유적의 정비와 보존 계획[20]

1. 계획의 배경

서울의 신도시인 강남구가 오늘과 같이 세계화된 도시가 되기까지 하루아침에 이루어지지 않았다. 그러나 많은 사람들은 오늘의 강남구가 하루아침에 갑자기 솟아난 신기루(蜃氣樓) 같은 기적쯤으로 생각하고 있다.

한국 역사와 문화의 중심지인 서울의 오랜 문화를 더듬어보면, 한강을 끼고 강남 지역에서 신석기시대로부터 청동기시대를 거쳐 한성백제(漢城百濟)가 500년 동안이나 도읍을 정하고 있었으며, 역사시대에도 계속 강남지역에 많은 사람들이 살고 있었다. 이와 같은 옛 사람들의 축적(蓄積)이 곧, 인류의 역사이다. 오늘날 서울의 한 중심축이 된 강남의 역사도 바로 이와 같은 한강 유역의 인류발달사의 결정(結晶)인 것이다.

현재 강남구 도곡동 산 31-1번지[21] 도곡근린공원 내에 위치하고 있는 역삼동 청동기시대 집자리(주거지) 유적은 1966년에 발굴된 우리나라의 중요한 선사시대유적일 뿐만 아니라 서울의 유일한 청동기시대 유적이다. 그러나 지금은 강남구민(매봉조기회)의 생활체육시설인 배드민턴 코트로 사용되고 있다.

현대문화의 중심지로서 강남만이 아니라 우리나라 고대문화의 중심지로서 강남을 되살리기 위해서는 먼저 우리나라의 대표적인 청동기 시대 유적인 강남구 매봉산 도곡공원 내의 문화재 지표조사를 실시하고, 이어서 '역삼동 주거지' 유적 위에 세워진 실내 배드민턴장을 즉시 철거한 후, 재발굴(再發掘)하여 선사유적을 정비 복원 하고, 사적공원을 조성한 다음 유물전시관을 마련하는 등 국가사적으로 지정하기 위한 계획이 마련되어야 할 것이다. 그래서 명실공히 서울의 문화도시 강남구가 되게 해야 할 것이다.

---

20 2004년 3월 10일 오후 2시 강남문화원 초청 역삼동 주거지유적 살리기라는 주제 문화대특강을 갖고 "강남문화유산 보존위원회를 발족시킨바 보존회 창립 이후 필자와 김순철 사무국장이 본 계획서를 작성하여 강남문화원(원장 : 권용태)의 이름으로 강남구청 문화재계에 제출한 문서임.

21 새 주소는 강남구 도곡1동 162-1번지 공유지이다.

2. 계획의 목적

· 지표조사 및 발굴(재발굴)조사에 의한 유적복원 계획을 수립하여 문화재지역의 보존을 위한 보호구역을 확대 지정하고 역사문화유산을 정비. 보존한다.

· 문화재 보존과 전승을 통하여 잠재적 자원인 강남구의 역사문화 유산에 대한 이해를 높이고 자긍심을 고취시킨다.

· 도시계획적인 측면에서 정비. 보존대책 등을 수립하고, 역사 문화 환경과의 연계성 있는 정비. 보존을 통해 역사교육 및 관광자원으로 개발한다.

3. 계획의 범위

1) 지표조사 구역

역삼동 도곡근린공원 일원

2) 조사내용

도곡근린공원 전체를 측량 실측한다.
①공원 내에 지상에 노출된 시설물을 확인 도면화 한다.
②유적 및 주변 상황을 사진 및 기록화 한다.
③문화재적 가치가 있는 유적. 유물을 정밀 조사하여 실측. 기록화 한다.

4. 계획 추진

· 기본계획 수립과 기본 방향 설정
–유적 발굴 및 사적공원화 계획 구상
·「유적 정비. 복원계획」과 연계된 기본계획 수립
· 매봉산 청동기 시대 유적 사적공원화 추진위원회 구성
· 소요예산 수립

5. 계획 추진 시기

· 2004년 7월 ~ 2005년 12월

6. 조사 및 분석

· 인문. 자연환경 조사
· 대상지의 현황조사 및 고고학적 지표조사(유적뿐만 아니라 시설물, 등산로 관련사항 등)
· 지표조사 보고서 작성 및 출판
· 배드민턴장 철거
· 놀이시설, 화장실, 기타시설 철거
· 재발굴 및 주변발굴
· 시설물 철거지 발굴
· 발굴 보고서 작성 및 출판
· 사적지 및 주변 정비
· 주거지 복원
· 주거지 출토 유물 복제
· 유물 전시관 및 건립
· 매봉산 사적 조사 복원 종합 보고서 작성 및 출판
· 국가 사적지정 신청
· 매봉산 사적공원 조성

7. 계획안 완성후의 효과

· 현대 사회는 인간적 가치가 보다 중시되는 정보, 문화, 산업시대로 빠르게 전환되고 있는 시점에 문화재를 보존하고 개발하여 우리의 훌륭한 문화라는 인식 시킬 수 있다.

· 지금까지 잘 알려지지 않고, 훼손되어 있는 문화자원의 체계적인 정비복원은 현대화된 도시사회에서 역사, 문화적 정서를 개발 시킬 수 있다.

· 국가 또는 지역 사회의 경쟁력을 형성할 수 있는 잠재적 자원으로 인식되고 있는 역사문화 자원을 발굴, 보존한다.

· 최근 도시민의 생활환경의 변화와 문화욕구의 충족, 여행 문화의 발달로 문화재의 탐방 및 관심이 증가하고 있어, 문화재를 발굴. 복원하여 유적의 원형이나 가치의 이해에 관한 강남주민은 물론 서울 시민의 기대에 부흥한다.

· 이러한 역사 문화재 보존 사업의 통하여 자발적인 주민의 참여에 의한 지역 역사 문화의 생활화를 도모할 수 있고 나아가서 관광산업으로서의 지역 정체성을 확립시킬 수 있는 효과까지도 유발 시킬 수 있다.

2004. 4. .

강남문화원

강남문화유산보존위원회

부록

Ⅱ. 배드민턴 코트 시멘트에 묻힌 '청동기시대 산업시설'

[『중앙일보』 특별기고문. 2012.4.26]

"로마는 하루아침에 이루어지지 않았다"고 하는 말이 있듯이 서울도 하루아침에 이루어지지 않았다. 그 것은 '서울 강남구'가 세계적인 도시가 되기까지 하루아침에 이루어지지 않았다는 말이다.

서울에는 1970년에 목동에서 구석기시대의 석영제 석기가 발견된 것을 시작으로 강동구 암사동, 강남구 역삼동과 송파구 가락동 등지에서 구석기시대의 유물이 지표에서 채집 보고 되었다. 신석기시대의 유적이 발견된 수는 200여 개소에 이르고 있는데, 이 가운데 한강 유역에서만 70여 곳에 가까운 많은 유적들이 알려지고 있다. 청동기시대에는 강남지역의 명일동, 가락동, 역삼동 등의 주거지 유적을 남기고 있다. 다시 고덕동, 개포동 양재동, 우면동, 원지동 등지에서는 고인돌무덤을 남겼다. 이들 지역에는 철기시대에도 계속 인류 문화의 유적을 남기고 있다. 이런 역사 위에 한강유역에서 배제가 건국되었고 강남지역에서 500년간 도읍하였던 것이다.

그러나 우리는 강남구 도곡동 산 31-1번지(원 지번은 역삼동 산 21-1) 매봉산 중턱에 청동기시대의 '역삼동 청동기시대 수혈 주거지 유적'이 있다는 사실을 까마케 잊고 있었다. 이 유적은 광주(廣州)평원의 중심부인 매봉산의 해발 90m 지점에 동남향으로 대모산을 바라보면서 자리 잡고 있다. 지하철 3호선 매봉역 1번이나 2번 출구로 나오면 북쪽으로 낮은 야산이 보인다. 이 산이 바로 매봉산 이다. 여기를 도곡근린공원이라 한다

1966년에 매봉산에서 숭실대학교 박물관에 의하여 청동기시대 주거지 유적이 발굴되었다. 이 주거지는 길이 16m, 폭 3m, 깊이 50~60cm 정도의 장방형의 움집형태의 이른바 수혈식(竪穴式) 주거지이다. 출토유물은 석기류는 숫돌(6점), 마석(1점), 연석(1점), 망칫돌(3점), 천석(2점), 이형석기(1점) 등 주로 석기를 만드는 공구들이 출토되었고, 수확도구인 반월형 석도(1점)는 반제품이고, 석부(3점), 석착(2점) 등 농경도구는 완제품이다. 그리고 사냥도구나 무기류인 석촉(3점)이 출토되었다.

토기 류는 옹형토기 구연부 1점, 호형토기 구연부 2점, 공렬문토기 구연부 1점, 5편의 구연부, 동체부만 남아 있는 단도마연토기 1점과 구연부와 동체부가 남은 단도마연토기 1점과 여러 편의 무문토기 편이 출토되었는데, 그 중 공렬문토기 1점은 높이 28cm로 복원되었다 그리고 호형토기는 크기가 50cm이상 되는 대형토기로, 석기 제작 시에 물을 담았던 물독으로 사용됐을 것으로 보인다.

주거지의 실내 면적은 16평 정도의 비교적 큰 집인데 칸을 막은 흔적은 없다. 이 정도 면적은

당시 일반 생활인의 가옥으로는 상당히 큰 주거지에 해당한다. 주거지에서는 석기를 가공하던 여러 석제공구를 비롯하여 석기와 토기들이 흩어져 있으며, 칸막이 시설도 없어 화덕자리(노지)가 발견되지 않고 실내 전체가 석기제작 공방(工房)으로 사용되었을 것으로 보인다.

이 유적에서는 농경도구인 석부, 석착 그리고 수확도구인 반월형 석도가 출토됨으로써 농경인 들이 살았던 대형 공방형 주거지임이 분명하다. 사냥도구인 석촉이 발견되고 있어 농업 이외에도 수렵이 중요한 생업활동 중의 하나였을 것으로 보인다. 이 유물들은 우리나라 청동기시대의 대표적인 유물이다. 기원전 10~5세기로 추정되고 있다.

지금은 강남구 도곡동 도곡공원 내에 위치하고 있는 역삼동 청동기시대 주거지는 "역삼동 청동기시대의 수혈 주거지: 소재지 강남구 도곡동 산 31-1,……한강 유역의 벼농사가 시작된 뒤의 한 전형적인 주거지로서 화재로 인하여 유물이 원 위치에 놓인데 고스란히 보존되어 있으므로 생활양식의 복원에 중요한 자료가 되고 있다. 사적이나 서울시 문화재로는 지정 되어 있지 않다. 1996. 5. 강남구청장"이라고 강남구청장 명의로 대형 알미니움 안내판만 세워놓았다. 실제로 있어야할 역삼동 청동기시대 수혈 주거지가 발굴된 자리에는 가로 20m에 세로 20m 가량 콘크리트로 바닥을 쳐서 배드민턴장 코트를 만들어 놓았다. 제발 유적을 깎아내지 않고 유적 위에 시멘트를 덮어씌우기만 했을 뿐이라고 믿고 싶다.

강남구 주민들의 생활체육시설인 배드민턴장 건물이 세워졌고, 원래 역삼동 주거지 유적의 바로 앞에는 고층아파트가 들어서 있다. 1993년 강남구청에서 간행한 『강남구지』에는 "이 거주지는 사적이나 서울시문화재로 지정되지 않아 현재 주민들의 건강을 위한 배드민턴 경기장으로 사용되고 있다"고 한 것을 보면 적어도 20년 전부터 역삼동 청동기시대 주거지 유적 위에 이미 배드민턴장을 세웠음을 알 수 있다.

필자가 2003년 11월에 유적지를 찾았을 때도 배드민턴장은 그대로 있었다. 곧바로 이 유적지의 보전을 위해 궁리하던 끝에 먼저 강남구 주민들의 이해를 얻기 위해 필자는 강남문화원 김순철 사무국장과 의논해서 강남문화원에서 발행하는 『문화강남』제 5호(2004.3)에 '강남의 역사문화를 바로 새우자' 특집으로「강남의 선사시대 ,문화유적」과「역삼동 주거지 발굴보고 소개」2편의 글을 실어 역삼동 주거지의 학술적 가치를 재조명하고 유적의 현황소개 및 보존대책을 강구하였다. 그리고 2004년 3월 10일에는 강남문화원 강당에서 '역삼동 청동기 주거지 유적 살리기'를 주제로 문화대특강을 갖고 참가자들과 함께 현장을 답사하였다. 같은 해 6월 강남문화원에 '강남문화유산보존위원회'를 구성하는 한편, '강남구 매봉산 청동기시대 유적의 정비 보존 계획'을 만들어 강남구청 담당부서에 역삼동 유적의 현황을 보고하고 보전대책을 건의하였으나 강남구청의 답변은 강남구주민(매봉조기회)의 생활체육시설을 대체할만한 곳이 없어 어쩔 수 없다는 구차한 변명만 들었다. 문화재관리당국에서도 무감각이다. 그로부터 10년이 되는 지금도 하나도 변한 것이 없다.

글로벌 시대에 세계 최고의 문화도시라고 자랑하는 서울 강남구(江南區)에 이와 같은 원시적인 '현대시설' 이 있다고 하는 사실은 문화민족이라고 하는 우리들을 당혹케 한다. 이곳이 바로 교과서나 각종 역사 관련 기록에 올라있는 '역삼동 청동기시대 수혈 주거지 유적' 이다. 1996년 강남구청에서 여기에 세운 안내판대로라면 '역삼동 주거지' 유적이 있어야 하지만 아직까지도 실내 배드민턴장이 들어서 있다.

강남구 지역주민들은 일부 생활체육인들의 여가활용을 위해 우리나라의 대표적인 청동기시대 유적이 인멸되어서야 되겠느냐고 크게 개탄하고 있다. 하루 빨리 배드민턴장을 철거해야 한다는 목소리가 높다. 강남구청장이 세운 안내판에 '사적이나 서울시 문화재로는 지정되어 있지 않다' 고 적혀 있어서 그런지 국가는 물론 지방자치단체나 발굴기관이 무관심을 넘어 훼손된 것을 방치하는 사이 우리나라의 대표적인 역사문화 유적이 국가사적은 고사하고 서울시 문화재로도 지정받지 못하고 이렇게 무문명(無文明)상태를 벗어나지 못하고 있다.

하루 빨리 강남구 도곡동 산 31-1의 청동기시대 주거지 유적 위에 세워진 배드민턴장을 철거하고 재발굴(再發掘)하여 원래의 청동기시대 수혈 주거지 유적을 찾아내는 것이 급선무이다. 그런 다음 유적을 복원하여 '청동기시대 공방유적박물관' 을 만들어 도곡공원 일대를 사적공원을 조성해야 한다. 이곳에 청동기시대의 산업시설을 보여 줌으로서 오늘의 강남구가 하루아침에 세계적인 명품도시가 되지 않았다는 역사적 사실을 증명 해 주어야 한다.[자료 4]

Old&New 도곡공원

배드민턴 코트 시멘트에 묻힌 '청동기시대 산업시설'

이형구
동양고고학연구소장

"1966년 장방형 움집 유적서 석기 만드는 공구 다수 발굴 청동기시대 공방터로 추정
교과서 속 유적지 복원 서둘러 하루 아침에 이뤄지지 않은 강남구 역사적 의미 되찾아야"

'로마는 하루 아침에 이뤄지지 않았다'는 말이 있지만 서울 강남지역도 하루 아침에 이뤄지지 않았다. 1970년 양천구 목동에서 구석기시대의 석영제 석기가 발견된 것을 시작으로 서울에선 강동구 암사동, 강남구 역삼동, 송파구 가락동 등지에서 구석기시대 유물이 잇따라 나왔다. 신석기시대 유적은 200여 곳에서 발견됐다. 이 가운데 한강 유역에서 발견된 유적은 70여 곳이다. 청동기시대 주거지 유적은 강동구 명일동과 가락동·역삼동 등에 남아 있었다. 강동구 고덕동과 강남구 개포동, 서초구 양재동·우면동·원지동 등지에는 고인돌무덤이 있다. 이들 지역에서는 철기시대 유적도 발견됐다. 이런 역사 위에 한강 유역에 백제가 건국됐다. 강남지역은 백제의 500년 도읍지였던 것이다.

그러나 우리는 강남구 도곡동 산 31-1, 매봉산 중턱에 '역삼동 청동기시대 수혈 주거지 유적'이 있다는 사실을 잘 모르고 있다. 유적 발견 당시 이곳 지번은 역삼동 산 21-1이었다. 지하철 3호선 매봉역 1번이나 2번 출구로 나오면 북쪽에 보이는 아트막한 야산이 매봉산이다. 여기를 도곡공원이라 한다.

1966년 매봉산에서 숭실대 박물관 측이 청동기시대 주거지 유적을 발굴했다. 이 주거지는 길이 16m, 폭 3m, 깊이 50~60cm의 장방형 움집 모양이다. 이른바 수혈식(竪穴式) 주거지다. 출토 유물은 숫돌 6점, 마석 1점, 연석 1점, 망치돌 3점, 천석 2점, 이형석기 1점 등 주로 석기를 만드는 공구들이었다. 작물 수확 도구인 반월형 석도 1점은 반제품이고, 석부 3점과 석착 2점 등 농경도구는 완제품이다. 그리고 사냥도구나 무기류인 석촉 3점이 나왔다.

토기류는 옹형토기 구연부(口緣部) 1점, 호형토기 구연부 2점, 공렬문토기 구연부 1점, 5편의 구연부, 동체부만 남아 있는 단도마연토기 1점과 구연부와 동체부가 남은 단도마연토기 1점, 그리고 무문토기 여러 편(片)이 출토됐다. 그 중 공렬문토기는 높이 28cm의 완전한 형태로 복원됐다. 크기가 50cm 이상으로 추정되는 대형 토기는 석기 제작에 필요한 물을 담던 물독으로 보인다.

주거지는 실내 면적 39㎡(12평) 정도의 비교적 큰 집인데 칸막이를 한 흔적은 없다. 이 정도 면적이면 당시 일반 생활인의 가옥으로는 상당히 큰 주거지에 해당한다. 주거지에는 석기를 가공하던 여러 석제 공구를 비롯해 석기와 토기들이 흩어져 있었다. 화덕자리는 발견되지 않았다. 실내 전체가 석기제작 공방(工房)으로 사용됐을 것으로 보인다. 이 유적에서 농경도구인 석부·석착과 수확도구인 반월형 석도가 출토됐기 때문에 농경인이 살던 대형 공방형 주거지임이 분명하다. 사냥도구인 석촉이 발견돼 농업과 함께 수렵이 중요한 생업활동이었던 것 같다. 이 유물들은 우리나라 청동기시대의 대표적인 유물이다. 제작 시기는 기원전 10~5세기로 추정된다.

지금은 도곡공원 안에 있는 역삼동 청동기시대 주거지에는 강남구청장 명의로 된 대형 안내판만 세워져 있다. 수혈식 주거지(움집터)가 발굴된 자리에는 가로·세로 각각 20m 규모의 매봉배드민턴장이 있다. 유적을 깎아내지 않고 유적 위에 시멘트를 덮기만 했을 뿐이라고 믿고 싶다. 강남구민을 위한 생활체육시설인 배드민턴장이 조성됐고, 원래 역삼동 주거지 유적 바로 앞에는 고층아파트가 들어서 있다. 1993년 강남구청에서 펴낸 『강남구지』에 '이 거주지는 사적이나 서울시문화재로 지정되지 않아 현재 주민들의 건강을 위한 배드민턴 경기장으로 사용되고 있다'고 쓴 것을 보면 적어도 20년 전부터 역삼동 청동기시대 주거지 유적 위에 이미 배드민턴장이 있었음을 알 수 있다.

필자가 2003년 11월 유적지를 찾았을 때도 배드민턴장은 그대로 있었다. 곧바로 이 유적지의 보전을 위해 궁리한 끝에 먼저 강남구 주민의 이해를 구하기로 했다. 강남문화원 김순철 사무국장과 의논해 강남문화원에서 발행하는 『문화강남』 제 5호(2004.3)에 '강남의 역사문화를 바로 세우자'란 주제의 특집을 기획했다. '강남의 선사시대, 문화유적', '역삼동 주거지 발굴보고 소개'란 제목으로 2편의 글을 실어 역삼동 주거지의 학술적 가치를 재조명하고 유적 현황을 소개하고 보존대책을 촉구했다. 그리고 2004년 3월 10일 강남문화원 강당에서 '역삼동 청동기 주거지 유적 살리기'를 주제로 특강을 한 뒤 참가자들과 함께 현장을 답사했다. 같은 해 6월 강남문화원에 '강남문화유산보존위원회'를 구성하는 한편 '강남구 매봉산 청동기시대 유적의 정비 보존 계획'을 만들어 강남구청 담당부서에 역삼동 유적의 현황을 보고하고 보전대책을 건의했다. 그러나 강남구청은 구민 생활체육시설을 대체할 만한 곳이 없어 어쩔 수 없다는 답변만 해왔다. 문화재관리 당국도 마찬가지다. 그로부터 10년이 지난 지금도 달라진 게 전혀 없다.

교과서나 각종 역사 관련 기록에 올라 있는 '역삼동 청동기시대 수혈주거지 유적'이 여전히 배드민턴장으로 사용되고 있는 게 안타깝다. 국가는 물론 서울시·강남구와 발굴기관은 무관심을 넘어 방치하고 있는 것이다. 여가 활용을 위해 우리나라의 대표적인 청동기시대 유적이 사라져서는 안 된다. 관계당국은 하루 빨리 배드민턴장을 철거해야 한다는 목소리에 귀 기울여야 한다. 강남구 도곡동 산 31-1의 청동기시대 주거지 유적 위에 조성된 배드민턴장을 철거하고 재발굴 작업을 통해 원래의 청동기시대 수혈주거지 유적을 찾아내는 것이 급선무다. 그런 다음 유적을 복원해 '청동기시대 공방유적박물관'을 만들어 도곡공원 일대를 사적지로 조성해야 한다. 이곳이 청동기시대 산업시설이었음을 보여줘 오늘의 강남구가 하루아침에 이뤄지지 않았다는 것을 사실(史實)로 증명해야 한다.

이형구(68) 소장
-홍익대 졸업
-국립대만대 고고인류학과 석사과정(석사)
-국립대만대 역사학과 수료(문학박사)
-한국정신문화연구원 역사연구실 교수(전)
-선문대 역사학과 교수·대학원장(전)
-동양고고학연구소장(현)

역삼동 청동기시대 주거지에서 출토된 구멍띠무늬토기(공열문토기). 우리나라 중부 지방의 대표적인 청동기시대 토기로 '역삼동식토기(驛三洞式土器)'라고도 부른다.

청동기시대 주거지에 들어선 매봉배드민턴장.

[자료 4] 『중앙일보』 특별기고문(2012.4.26)

부록

Ⅲ. 국가 지정 · 등록문화재 및 서울시 지정 문화재 현황

[강남구청 제공]

1, 국가 지정 · 등록문화재 현황-30건

문화재 종류	지정 번호	문화재명	수량	소재구	소재지
국보	173	청자철채퇴화점문나한좌상	1軀	강남구	압구정동
국보	284	초조본 대반야바라밀다경 권162, 170,463	3券 3軸	강남구	코리아나 화장박물관
보물	569-1	안중근의사유묵-백인당중유태화	1점	강남구	청담동
보물	653	자수사계분경도	1帖	강남구	자수박물관
보물	654	자수가사	1着	강남구	자수박물관
보물	703-2	장승법수	1册	강남구	압구정동
보물	768	몽산화상법어략록(언해)	1册	강남구	삼성동
보물	977	묘법연화경 권7	1券 1帖	강남구	도곡동
보물	1412	감지금니대방광불화엄경 권15	1券 1軸	강남구	도곡동
보물	1665	상지은니대방광불화엄경 주본 권4	1券 1軸	강남구	코리아나 화장박물관
보물	1668	이지청 조서 취영구절	1帖	강남구	압구정로
보물	1819	조문수 필적 위심수재서	1帖	강남구	압구정로
보물	1819	서울 봉은사 목조석가여래삼불좌상	불상 3점	강남구	봉은사
사적	199	서울 선릉과 정릉	240,589㎡	강남구	선릉로100길 1
중요무형 문화재	3	남사당놀이		강남구	무형문화재전수회관
중요무형 문화재	15	북청사자놀음		강남구	무형문화재전수회관
중요무형 문화재	17	봉산탈춤		강남구	무형문화재전수회관
중요무형 문화재	19	선소리산타령		강남구	무형문화재전수회관
중요무형 문화재	23	가야금산조 및 병창	가야금 산조	강남구	개포동
			가야금 병창	강남구	세곡동
중요무형 문화재	27	승무	승무	강남구	자곡동

문화재 종류	지정 번호	문화재명	수량	소재구	소재지
중요무형 문화재	34	강령탈춤	상좌,용산삼 개집	강남구	역삼동
중요무형 문화재	74	대목장	대목	강남구	개포동
중요무형 문화재	78	입사장	입사	강남구	선릉로
중요무형 문화재	104	서울 새남굿	무녀	강남구	무형문화재전수회관
중요민속 문화재	41	운봉수향낭	1点	강남구	논현로
중요민속 문화재	42	일월수다라니 주머니	1点	강남구	논현로
중요민속 문화재	43	오조룡왕비보	1点	강남구	논현로
등록 문화재	468	명신여학교 태극기, 현판, 완문	3점	강남구	남부순환로
등록 문화재	517	서울 안창호 묘소	1기 (1,688㎡)	강남구	도산대로45길 20
등록 문화재	545	이해상내외상복	2식	강남구	선릉로
등록 문화재	576	한중영문중국판 한국애국가 악보	1점	강남구	청담동

2. 서울특별시 지정 문화재 현황-32건

문화재 종류	지정번호	문화재명	수량	소재구	소재지
유형 문화재	48	전주 이씨 광평대군 묘역	412,593㎡	강남구	광평로31길 20
유형 문화재	64	봉은사 선불당	건물 1동 토지 344.3㎡	강남구	봉은사
유형 문화재	76	흥무25년장흥사명 동종	1구	강남구	봉은사
유형 문화재	83	봉은사 판전 현판	1점	강남구	봉은사
유형 문화재	84	대방광불화엄경수소연의초목판	3,175매	강남구	봉은사
유형 문화재	160	봉은사 목 사천왕상	4구	강남구	봉은사
유형 문화재	226	봉은사 목 삼불상(석가불, 아미타불, 약사불)	3구	강남구	봉은사
유형 문화재	227	봉은사 목 삼존불상 (석가불, 가섭존자, 아난존자)	3구	강남구	봉은사
유형 문화재	228	봉은사 목 십육나한상	12구	강남구	봉은사

문화재 종류	지정번호	문화재명	수량	소재구	소재지
유형 문화재	229	봉은사 대웅전 신중도	1폭	강남구	봉은사
유형 문화재	230	봉은사 판전 신중도	1폭	강남구	봉은사
유형 문화재	231	봉은사 괘불도	1폭	강남구	봉은사
유형 문화재	232	봉은사 비로자나불도	1폭	강남구	봉은사
유형 문화재	233	봉은사 칠성도	1폭	강남구	봉은사
유형 문화재	234	봉은사 삼세불도	1폭	강남구	봉은사
유형 문화재	235	봉은사 삼장보살도	1폭	강남구	봉은사
유형 문화재	236	봉은사 감로도	1폭	강남구	봉은사
유형 문화재	237	봉은사 영산회상도	1폭	강남구	봉은사
유형 문화재	238	봉은사 십육나한도	12구	강남구	봉은사
유형 문화재	294	인천해관문서 Despatches from Chemulpo	199장	강남구	관세청
유형 문화재	302	삼강행실도	1책	강남구	한솔제지
유형 문화재	319	선종유심결 등 합철	1책	강남구	압구정로
기념물	29	완남부원군 이후원 묘역	분묘 1묘 석물 8묘 2,039.6㎡	강남구	자곡동 산 39-3
민속 문화재	26	우암 송시열 초구 일령	1착	강남구	압구정로
문화재자료	28	법수선원 산신도	1폭	강남구	헌릉로
문화재자료	36	일원동 불국사 석불좌상	1구	강남구	불국사
문화재자료	38	봉은사 사자도	1폭	강남구	봉은사
문화재자료	39	봉은사 영산전 신중도	1폭	강남구	봉은사
문화재자료	42	불교제중원 오층석탑 및 표석, 석등	3점	강남구	경기여자고등학교
문화재자료	8	삼해주 약주		강남구	압구정로
무형 문화재	32	판소리	수궁가	강남구	논현동
무형 문화재	34	봉화산 도당굿	악사	강남구	대치동

제Ⅲ부 論 考

해수면(海水面) 상승(上昇)과 청동기시대문화와의 관계

차례

머리글

서울에 남아있는 청동기시대 유적이 하필 매봉산 역삼동 주거지 유적 1기 뿐일까 하는 의문을 오래전부터 해 왔다. 그동안 몇 기의 청동기시대 유적이 알려져 있었지만 지금은 모두 인멸되고 그 흔적을 찾을 수 없다. 그러나 한 가지 공통점은 이들 유적은 모두 야산(野山)의 중턱이나 정상부근에 분포되고 있다고 하는 사실이다. 이것은 왜 평지를 버리고 산으로 올라가서 살았을까하는 매우 심각한 의미를 갔게 하고 있다.

여기에 한강하류 남쪽 강안(江岸)의 신석기시대 암사동유적은 평지(平地)에 있으면서 근 3000년 동안이나 존속해 왔는데 왜 청동기시대 유적은 나타나지 않는가하는 의문이 겹쳐지고 있다.

암사동유적의 신석기시대에 살아왔던 인류들의 유적은 근 100기의 주거지가 발굴되었으나 청동기시대 유적은 거의 찾아 볼 수 없다고 하는 사실은 무슨 의미를 가지고 있는가?

아마 해수면(海水面)의 상승(上昇)으로 한강하류에 까지 해수가 들어오게 되어 한강 연안에 살고 있던 인류들은 물이 차오르는 것을 피해 산상으로 이주하였을 것으로 추정하였다.

그것은 신석기시대에서 청동기시대와의 사이에 과도기(過渡期)가 도래할 시기에 해수면이 상승하지 않았나 추정한다. 그 해답을 찾기 위하여 본고를 집필하였다.

1. 신석기시대의 유적의 층위(層位)

서울 강남지역은 구석기시대로부터 오늘날에 이르기까지 인류들이 면면히 살아 왔음을 알 수 있다. 구석기시대가 지나고 신석기시대에 오면 한강의 풍부한 수량과 한강 유역의 너른 충적층에서 농경생활을 영유하였다. 청동기시대에는 송파구 안산(安山)이나 강남구 수도산, 매봉산, 대모산 등지의 비교적 높은 구릉 지대에서 생활하였음을 알 수 있다.〈표 1 참조〉

철기시대에 오면서 다시 비교적 낮은 지대에서 생활하면서 새로운 문물을 창출해내면서 한강하류 광주(廣州)평원에 백제(百濟)의 건국을 잉태하게 된다.[1]

서울 강남지역에서 인류가 남긴 가장 이른 시기의 유적으로 최근에 서울 삼성동 영동차관아파트 재건축예정부지에서 발굴되었다고 보고된 구석기시대 유적이다.[2] 이 지역은 한강 본류와 탄천이 합류하는 연결지점 사이에 위치하므로 선사 · 역사시대 유적이 입지하기에 알맞은 지역이다. 조사결과 제4기(紀) 고토양 층에서 구석기가 출토되었다고 하는 사실은 일찍이 구석기시대부터 인류가 살아 왔음을 증명해 주고 있다.

한강유역의 신석기시대의 유적으로는 서울 강동구 암사동 유적과 그 부근의 하남시 미사리 유적이 일찍이 알려져 있었다. 암사동유적은 대체로 해발 18~19m에서 조성되었다. 암사동의 주거지는 평면형태가 직경 5~6m의 원형이거나 1변이 4~6m인 말각 방형의 반지하식 주거지이다. 또한 수혈내부에는 바닥 중앙에 원형 · 방형 · 장방형 등의 노지가 각각 1개씩 마련되어 있는데 모두 주위에 할석이나 천석을 돌려 만든 것이다. 암사동 주거지는 대부분 빗살무늬토기를 동반하는 것이 특징이다.[원색사진 1]

한강유역의 빗살무늬토기는 한강 하류의 충적층의 양질의 점토를 이용해서 토기의 기형을 만들고 성형이 마르기 전에 고운 태토의 표면에 빗치개 시문구(施紋具)로 빗살무늬를 용이하게 장식할 수가 있다.

암사동유적은 암사동 유적의 문화층은 3개로 구분되는데 신석기시재 전기. 신석기시대 후기. 삼국시대 등이 확실한 층서적 상하관계를 나타내고 있다.[3][원색도면 1]

국립중앙박물관이 1971부터 1975년까지 4차에 걸쳐 발굴 조사하였는데, 그 결과 신석기시대 주거지 11기를 비롯하여 삼국시대 건물지 1기 옹관묘 2기가 조사되었다.[4] 그러나 암사동유적 발굴조사 가운데 가장 두드러진 성과를 거뒀다고 하는 이 발굴에서도 청동기시대 유적은 발굴되지 않았다.

국립중앙박물관이 2006년에 작성한 층위 조사 내용을 보면, 표토층에서 신석기시대 주거지

---

1 이형구, 『백제의 도성』, 주류성, 2004, p.23.

2 상명대학교박물관,『서울 삼성동 영동차관아파트 재건축예정부지 문화유적 발굴조사 보고서』, 2004,

3 국립중앙박물관,『암사동 Ⅱ』, 1995, p.270.

4 국립중앙박물관, 『암사동 Ⅰ』, 1994, p.16.

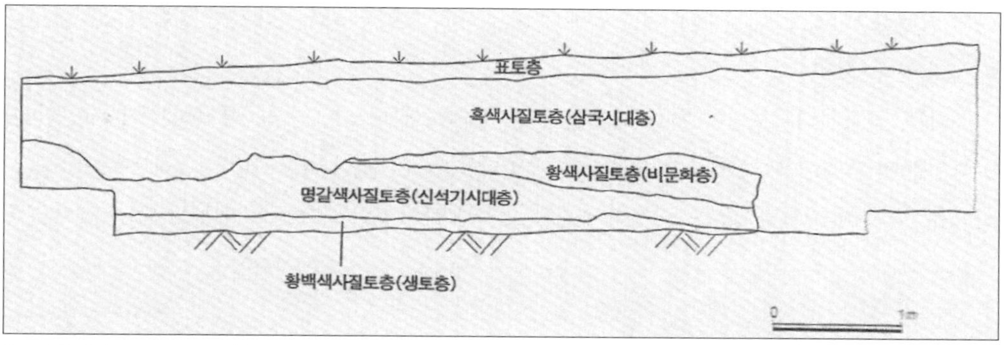

[도면 1] 암사동유적 층위도(『암사동 Ⅲ』, 2006, p.16)

바닥까지 3m에 이르는 두꺼운 퇴적층을 이루고, 크게 Ⅰ층은 표토층. Ⅱ층은 흑색사질토층. Ⅲ층은 황색사질토층. Ⅳ층은 명갈색사질토층. Ⅴ층은 황백색사질토의 생토층 등 5개 층으로 구분된다고 하였다.[5] 이 가운데 유적이 포함된 층은 Ⅱ층에서 삼국시대 초기 문화층이 확인되고 Ⅳ층이 순수즐문토기문화층이라고 하였다. 여기서 우리가 크게 주목할 만한 것은 Ⅲ층 활갈사질점토층은 유물이 포함되지 않은 비문화층(非文化層)이라고 하는 사실이다.[6][도면 1]

암사동 유적은 신석기시대 문화층과 백제시대 문화층만이 확인되었다. 두 문화의 사이의 간층(間層)은 황색사질토층으로 10~20㎝ 정도 두께로 퇴적되어 있다. 보고자는 이 간층은 바람에 날려 퇴적된 부식성이 없는 황사층으로 추정된다고 하였는데, 이 층이 해수면의 상승으로 이 지역에 비나 바람 혹은 하상의 범람 등으로 자연퇴적층이 형성되었을 것으로 추정된다.

국립중앙박물관이 2008년에 간행한 『암사동 Ⅱ』 보고서의 고찰 편을 보면, 암사동 주거지가 입지한 해발고도는 17m정도라고 하였다.[7] 그러나 국립중앙박물관이 암사동 발굴 후 20여년이 지

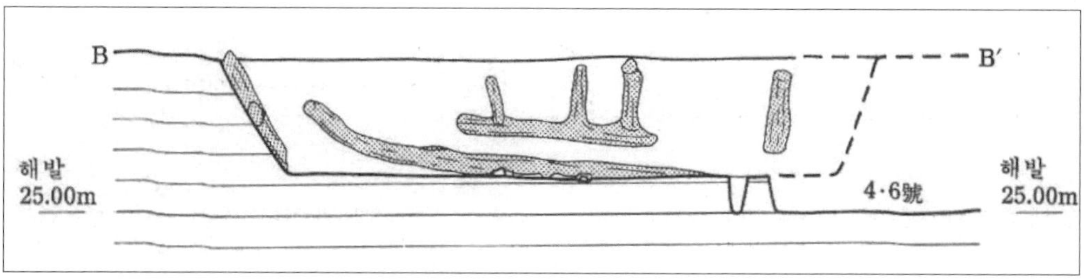

[도면 2] 암사동유적 제2호 주거지 단면 실측도(『암사동 Ⅰ』, 1994, p.90)

---

5 국립중앙박물관, 『암사동 Ⅲ』,2006,p.16.

6 위의 주와 같음. 빗살무늬토기 문화층과 삼국시대(백제) 초기 문화층 사이의 간층은 유물이 포함되지 않은 비문화층(非文化層)으로 바람에 날려 퇴적된 부식성이 없는 황사층으로 추정된다고 한다.
한양대학교 문화재연구소, 「2016년 서울 암사동 유적 발굴조사약보고서」, 2016.
한양대학교 문화재연구소, 「2017년 서울 암사동 유적 발굴조사학술자문회의 자료집」, 2017.

7 한양대학교 문화재연구소, 「2016년 서울 암사동 유적 발굴조사약보고서」, 2016.
한양대학교 문화재연구소, 「2017년 서울 암사동 유적 발굴조사학술자문회의 자료집」, 2017.

나서 간행한 『암사동 Ⅰ』 (1994) 보고서에 나오는 모든 도면은 암사동유적의 해발고도를 25m로 기재돼 있다.[8] [도면 2]

최근, 국토지리정보원이 발행(2013)한 1/5.000 지도에 나오는 암사동유적의 현재 지면의 해발높이는 약 18.1m이다.[10][지도 1] 앞서, 국립중앙박물관이 간행한 『암사동 Ⅰ』 (1994)에 나오는 암사동유적의 해발고도를 25m로 측정한 것은 무언가 오류가 있지 않았나 의심된다.

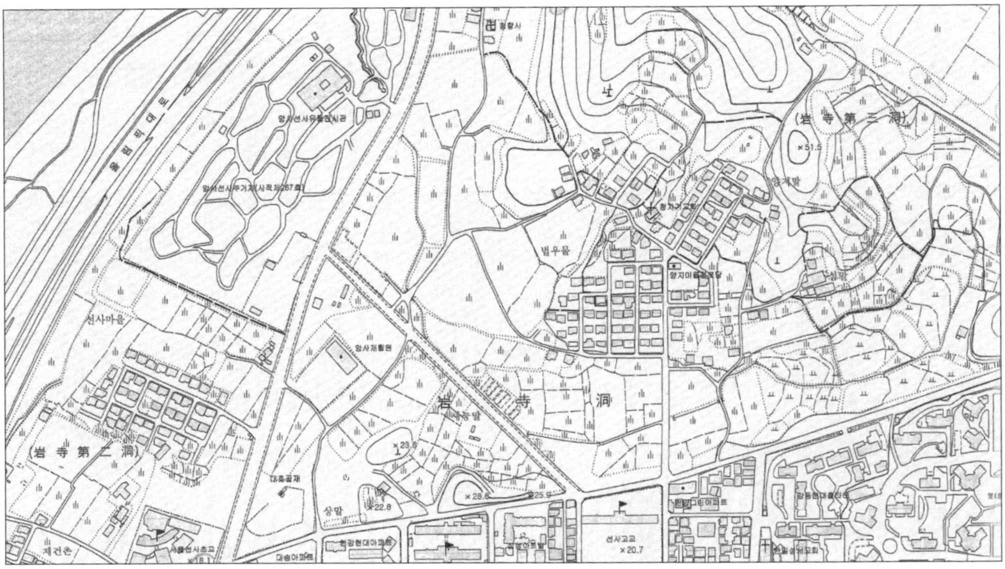

[지도 1] 암사선사주거지 부근 지적도(왼쪽 아래 서울선사초교 운동장 해발고도 18.1m, 오른쪽 위 청향사 부근 등고선 25m)

한편, 2016년 한양대학교 문화재연구소가 강동구 올림픽로 875 암사동 유적(사적 제267호)에서 신석기문화층에 대한 정밀발굴조사가 진행되어 신석기시대 주거지 40기와 삼국시대 주거지 1기와 옹관묘 2기가 확인 조사되었다.[9] 이 때 발굴 조사된 암사동유적의 해발고도는 대략 17~18m 층위로 측정되었다.[원색도면 1]

암사동유적의 신석기시대 층과 삼국시대 층 사이에서는 아무런 유구(遺構)의 흔적을 확인하지 못하였다. 이를 비문화층(非文化層)이라고 하였다. 여기에서 우리가 주목하는 것은 1964년 시작으로 2016년 현재까지 12차례의 발굴조사를 통에서 단 한 번도 청동기시대 유구나 유적이 발굴된 적이 없든 사실이다. 이와 같은 사실은 신석기시대와 삼국시대 사이에는 암사동에 인류가 거주하지 않았었다고 하는 사실을 말해 주고 있다. 바로 이 시기에 어디론가 이주했다는 의미이다.

암사동유적에서 출토된 신석기시대 토기의 태토는 운모와 세사립(細砂粒)이 섞인 점토질 태토이다. 소성은 양호하다고 한다. 기형은 일반적으로 전형적인 빗살무늬토기 형태인 첨저(尖底)

8 국립중앙박물관, 『암사동 Ⅴ』,2008, p.123.

9 국립중앙박물관, 『암사동 Ⅰ』, 1994.

10 국토지리정보원, 「성동(076)」『1/5.000 지도』, 2013년 인쇄.

반란형(半卵形)이고, 표면은 잘 정선되었고 비교적 매끄러운 편이다. 토기의 문양은 구연부에 조문(爪紋), 단사선문(短斜線紋), 점열문(点列紋) 등이 있고 기복부(器腹部)에는 '인(人)' 자형이라고도 하는 어골문(魚骨紋) 계통의 횡주(橫走) 어골문. 종주(縱走) 어골문을 새겼다.[원색사진 4]

한편, 하남시 미사리유적(사적 제269호)은 1960년대에 알려지기 시작한 후 숭실대학교 박물관이 주관하여 5개 대학박물관팀이 참가하여 1983년부터 1992년까지 3차에 걸쳐 본격적인 발굴을 실시하였다. 3차례의 발굴을 통하여 신석기시대로부터 청동기시대의 유적이 조사되었고 이밖에 철기시대와 삼국시대의 유구도 확인되었다.[원색사진 2~3]

미사리유적은 대체로 해발 17~18m 위치에 분포되고 있다. 현재 미사리 강변 경작지면의 해발고도는 20m이다. 3차에 걸친 발굴을 통하여 총 466기의 유구가 조사되었는데, 이들 유구에서 무려 645개체분의 빗살무늬토기가 출토되었다.[11] 그만큼 미사리유적은 빗살무늬토기 유적으로 대표되는 유적이다.[사진 1] 미사리 토기는 암사동유적에서 출토된 빗살무늬토기와 유사하다.

[사진 1] 하남시 미사동 소재 사적 제269호인 미사리유적 · 보존차원에서 복토했다고 하지만 지상에는 주택과 공장으로 뒤덮였다.(2017.11)

미사리유적의 신석기시대 주거지의 형태는 반지하식 원형, 방형, 말각 방형이다. 미사리 토기의 기형은 암사동유적과 마찬가지로 첨저형이고, 문양은 구연부에 조문(爪紋), 단사선문, 점열문 등이 있으며 기복부에는 횡주 어골문(魚骨紋).종주 어골문이 있다. 태토는 사절점토나 점토에 운모. 조개가루를 혼합한 것이 많고 고운모래가 섞인 것도 있다. 표면은 잘 정선되었고 비교적 매끄러운 편이다.[12] 비교적 새김무늬가 용이한 태토라는 사실에 주목할 필요가 있다.

최근에는 한강 남쪽 강변에서 그리 멀지않은 강남구 삼성동 봉은사 사거리 부근에서 신석기시대의 빗살무늬토기 편이 출토되었다.[13][사진 2] 영동차관아파트 재건축예정부지 구제발굴 시에 제4기고토양층의 상부 표토를 제거하는 과정에서 신석기시대의 석기로 추정되는 갈돌 1점이 확인되었으며, 수혈(竪穴)의 상부에서 신석기시대의

[사진 2] 강남구 삼성동 영동차관아파트 재건축예정부지 출토 빗살무늬토기 편(상명대 박물관)

11 경기도공영개발사업단, 『미사리』 1, 1994, p.361.

12 경기도공영개발사업단, 『미사리』 1, 1994, p.122. p.578.

13 상명대학교박물관,『서울 삼성동 영동차관아파트 재건축예정부지 문화유적 발굴조사 보고서』, 2004,

빗살무늬토기 2편이 출토되었다.[14] 2편의 빗살무늬토기는 모두 한강유역에서 흔히 볼 수 있는 이른바 어골문 계통의 전형적인 빗살무늬를 새겼다.

한강유역에서는 서해안을 비롯해서 그리고 서울 부근과 하류의 경기도 지역에 분포되고 있는 신석기시대 유적들의 지형을 보면 대체로 평야지대에서 발견되고 있는 시례들이 많다. 한강유역의 해발 높이가 17~18m 정도의 충적층으로 낮은 지역이고 내륙 지방도 해발 62m인 경기도 용인시 농서리유적을 제외하고는 평균 해발 고도가 20m 정도로 비교적 낮은 지역에 분포하고 있다고 하는 사실을 주목할 필요가 있다.[표 1]

[표 1] 한강 하류 및 경기 지방의 신석기시대 유적의 해발(海拔) 고도(高度)(이형구 작성)

유 적 명	해발 고도(m)	유적 층	비 고
서울 강동구 암사동	17~25	충적층	해발 25m는 재고를 요함
하남시 미사동	17~18	충적층	
시흥시 오이도	15	패 총	
안산시 신길동	18~20	충적층	
연천군 학곡리	20~30	단구	임진강변
연천군 삼거리	30~40	구릉	임진강변
용인시 농서리	62	구릉	
인천 영종도 운서동	19	단구	
영종도 중산동	18~22	단구	
평 균	22		낮은 수치로 평균함

2. 신석기시대와 청동기시대 사이의 과도시기 토기

한강유역의 신석기시대 후기에 오면서 해수면이 상승하게 되자 한강 연안에서 살아오던 인류들은 점점 물이 차오르자 높은 지대인 구릉으로 이주하게 된다. 이 시기가 바로 서해안의 해수면이 상승하기 시작하는 시기로 추측된다. 이 시기가 해수면이 상승하면서 청동기시대로 넘어가는 과도기적인 시기이다.

미사리유적은 신석기시대 문화층 위에 청동기시대 문화층이 발견되지 않는 암사동유적에 반하여 해발 17~18m 위치의 신석기시대 문화층 위에서 해발 18~20m 위치에 청동기시대 문화층이 조성되고 있음이 확인되었다. [표 2] [도면 3]

미사리유적의 과도시기에서 다음 시기로 이어지는 유적인 한강하류 남안의 송파구 가락동유적은 해발 40m의 안산(安山) 구릉지대에 위치하고 있다. 이와 비슷한 시기의 강남구 역삼동유적은 한강 하류 남안 매봉산(해발 96m) 중턱 해발 36m에 위치하고 있다.[15]

14 상명대학교박물관,『서울 삼성동 영동차관아파트 재건축예정부지 문화유적 발굴조사 보고서』, 2004.
15 이형구, 「역삼동 주거지 발굴보고」『문화강남』5, 강남문화원, 2003, pp.20~30.

[표 2] 한강 하류 및 경기 지방의 청동기시대 유적의 해발(海拔) 고도(高度) 일람(이형구 작성)

유 적 명	해발 고도(m)	유적 내용	비 고
서울시 강남구 역삼동	40	세장방형 주거지 1기	
송파구 가락동	40	주거지 4기	
강동구 암사동산19-5	60	주거지 16, 지석묘 1	지석묘 이전
강동구 고덕동	35~49	주거지 5기	
구로구 천왕동	33~37	주거지 3기	
경기도 하남시 미사리	18~20	주거지 37, 수혈 34기	ca.3360±40BP.
남양주 수석동	80	주거지 6기	BC.5~3TPRL
여주시 흔암리	122.7	주거지 16기	ca.3210±70BP.
부천시 고강동	69~92	주거지 18기	BC. 6세기
광명시 가학동	57~78	주거지 53, 지석묘 12	북방식 지석묘
고양시 도내동	30~40	주거지 49기	겨레. 중앙
파주시 운정동	40~45	토광묘 2기	
평 균	51.5		높은 수치로 평균함

한강 하류 지역의 신석기시대에는 해안가나 강 연안 모래밭에서 밑이 뾰쪽한 첨저형(尖底形) 빗살무늬토기를 모래밭에 묻어서 사용하던 사람들이 해수면이 상승하면서 해안가나 강 연안이 물에 잠기게 되므로 부득불 높은 지대에 올라가서 생활할 수밖에 없게 되므로 땅 바닥이 단단한 곳에 놓기 좋은 밑이 납작한 그릇인 평저형(平底形) 토기로 바뀌게 된 것으로 추정된다. 태토는 신석기시대 빗살무늬토기가 비교적 부드러운 사질점토나 점토를 많이 사용하여 기면이 회색 또는 회갈색이 많이 보인다. 과도시기의 유문(有紋)토기의 태토는 신석기시대 빗살무늬토기의 태토와 유사하다. 청동기시대의 무문토기의 태토는 일반적으로 모래와 석립(石粒)이 많이 포함되고 있어 표면이 비교적 거친 편이고, 태토의 기면은 암갈색이나 황갈색이 주조를 이루고 있다.[16]

해수면(海水面)의 상승으로 인해 한강 유역에서 점성(粘性)이 강한 점토를 구하기가 어렵기 때문에 산기슭에서 구할 수 있는 거친 황갈색 점토를 채토해서 사용할 수밖에 없는 환경으로 변화하여 생긴 현상이라고 추정된다. 그래서 신석기시대에 해안이나 강 연안의 모래밭에서 사용하기 쉬운 뾰쪽 밑인 첨저형에서 산기슭의 평지에 놓고 사용하기 좋은 납작 밑 그릇으로 저부가 평저형으로 변한 것이라고 추측된다. 이런 현상은 기후와 자연환경에 적응하면서 만들어 낸 문화현상이다.

서울 강동구 암사동유적에서 청동기시대 문화층(무문토기문화층)의 존재가 거의 미비하다

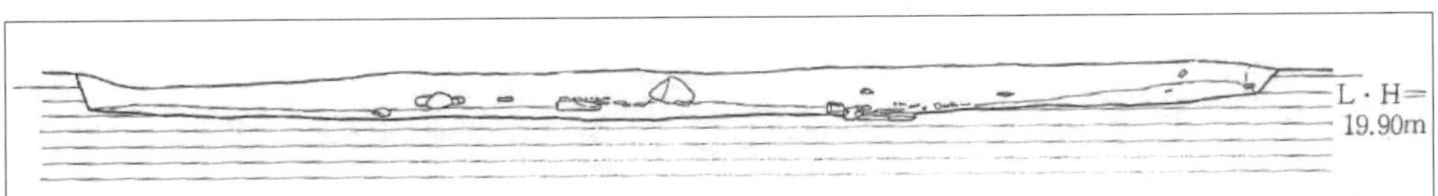

[도면 3] 하남시 미사리유적 A-제015호주거지 단면 실측도와 해발고도(『미사리』5, 1994)

16 미사리선사유적발굴조사단, 『미사리』 1, 경기도공영개발사업단, 1994, p.175. p.579.

고 하는 사실을 봐도 인류가 거의 거주하지 않았을 것으로 보이는 사실은 이 시기에 해수면이 상승하게 되므로 인류들이 한강 연안의 구릉지대나 한강 상류 지역으로 옮겨 갔기 때문이라고 하는 사실을 말해 주고 있다.

하남시 미사리유적의 시기는 신석기시대 전 시기를 통해서 빗살무늬토기를 사용하던 시기였지만, 신석기시대 후기에 와서는 빗살무늬토기의 퇴화(退化)형식인 환저형 토기가 출현하고 동시에 돌대각목문토기(突帶刻目紋)가 함께 동반 출토한다.[원색사진 7]

미사리유적의 제015호주거지에서는 무문토기는 한 점도 나타나지 않고 돌대각목문토기 만이 출토되고 있다.[17][도면 4-②~⑤] 이밖에 신석기시대의 전형적인 첨저형 빗살무늬토기에서 보는 뽀쪽 밑바닥이 원저형(圓底形 혹은 환저형丸底形)으로 변화되기 시작한 원저 심발형토[도면 4-⑧⑩]가 출토되었고, 바닥이 말각형(抹角形)으로 둔화된 토기[도면 4-⑦]가 평저형토기[도면 4-⑨]와 함께 출토되고 있다. 이와 공반(共伴)되는 토기로는 그릇의 전면에는 무늬가 없고 구연부에 덧띠(돌대)를 두루고 덧띠에 손톱무늬를 단순한 장식하고 있는 '돋을 띠 새김무늬토기' 라고도 하는 무문토기보다는 돌대각목문토기 류 위주로 출토되고 있는 점이 청동기시대 초기의 특징이다.

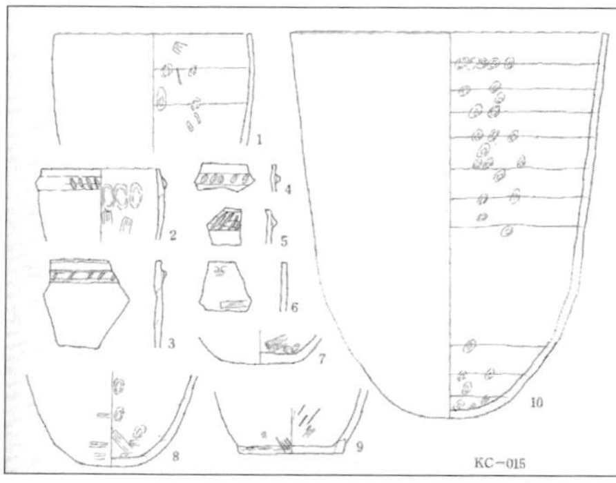

[도면 4] 하남시 미사리유적의 A-제015호주거지 출토 원저토기⑧⑩, 말각형토기⑦, 평저토기⑨, 돌대각목문토기②~⑤ (『미사리』5, 1994)

미사리유적의 A지구 A-1호주거지에서는 무늬가 있는 토기로는 돌대각목문토기 류 만이 출토되고 있다. 환저형토기가 함께 출토되었다. 미사리에서 처음으로 청록색 곡옥 1점이 출토되었다.[18] 환저형토기가 빗살무늬토기 첨저형 저부의 흔적이 남아있는 점으로 미루어 보아 과도시기로 추정된다.

미사리유적의 A-제011호와 A-제018호주거지에서도 원저형 심발형토기가 돌대각목문토기와 함께 출토되었다.[19] 이들 토기는 원저형 심발형토기가 출토된 미사리 A-제015호주거지와 거의 같은 시기에 제작된 것으로 보인다. 이로 미루어 보아 돌대각목문토기는 원저형 심발형토기와 함께 출토되는 것으로 보아 신석기시대에서 청동기시대로 넘어가는 과도시기에 제작된 것으로 추정된다. A-제018호주거지 일부가 공열문토기를 반출하는 토광(土壙)에 의하여 잘려 나간 것으로 보아 이 보다 늦은 단계에 출현한 것으로 보인다고 하였다.[20]

미사리유적의 토기들은 구연부 바로 아래에 구멍을 뚫어 한 줄로 쭉 두르는 공열문(孔列紋)토

17 고려대학교발굴조사단, 『미사리』5, 경기도공영개발사업단, 1994, p.103.
18 서울대학교발굴조사단, 『미사리』4, 경기도공영개발사업단, 1994, p.92.
19 고려대학교발굴조사단, 『미사리』5, 경기도공영개발사업단, 1994, p.105, p.109.
20 위의 주 p.93.

기가 있다. 아가리의 단면부인 구순(口脣)에 각목문을 세기고 구연부 아래에는 공열문을 두른 이른바 구순각목공열문을 비롯하여 단독으로 출현하는 것까지 여러 유형의 토기가 있다.[원색사진 8]

미사리 A지구에서 조사된 10기의 주거지 가운데 A1.A3.A4.A5.A8호주거지에서는 아가리 단면의 구순각목문과 같이 아가리부근에 공열문이 나타나고, A2호.A4주거지에서는 돌대각목문과 공열문이 별도로 나타하고, A2주거지에서는 아가리 부근에 공열문이 단독으로 혹은 구순각목문와 단사선문과 함께 나타하고, A1호와 A4호.A9주거지에서는 공열문과 단사선문(短斜線紋)이 함께 나타난다.[21] A10호주거지를 제외하도 주거지내부에서 모두 다수의 빗살무늬토기 편이 수습되었다. A2호.A8호주거지에서는 구순각목문과 함께 혹은 공열토기가 별도로 나타나는 것 이외에 구연부 외피에 이중구연(二重口緣)이 처음으로 출현하고 있다. 그리도 A10호주거지에서만 공열

[도면 5] 미사리유적 A10호주거지 단면 실측도와 해발고도(『미사리』 3, 1994)

문만 단독으로 출현하고 있다.[22]

미사리 A10호주거지는 해발 19.0m에 축조된 반지하식 장방형 주거지로,[도면 5] 주거지 바닥 중앙에 2개의 기둥을 세웠던 주공 자리가 있다. 주거지 바닥에서 공열문토기가 출토되었다.[도면 6-①] 단도마연장경호가 출토되었고, [도면 6-②] 이 밖에 심발형토기와 고배형 단도마연토기 등이 함께 출토되었다.

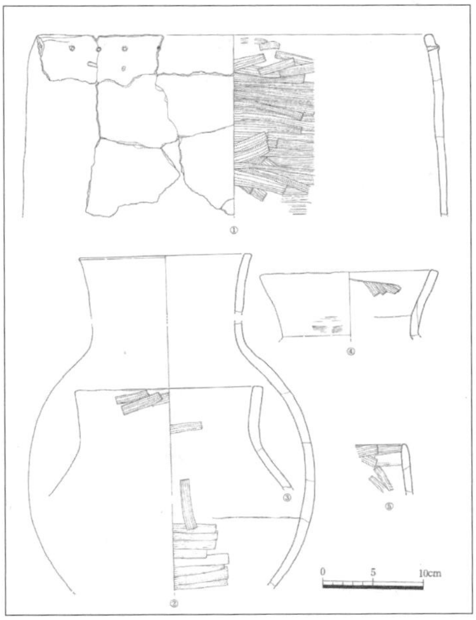

[도면 6] 미사리유적 A10호주거지 출토 공열문토기①와 단도마연장경호② 실측도(『미사리』3, 1994)

미사리유적에서 출토되는 공열문토기는 단사선문. 구순각목문. 공열문이 함께 새겨진 제1단계와 단사선문. 구순각목문이 소멸되고 공열문만 나타나는 2단계로 구분해서 보기도 하지만[23] 이들 모두 이른 시기의 토기로 간주되고 있기 때문에 토기에 표현된 문양만으로는 그 시기

21 미사리 토기 중에는 토기의 아가리 부분에 점토를 얇게 겹으로 덧댄 비교적 좁은 폭으로 둘러 싸은 단순한 이중구연 토기의 사례를 아직 확인 되고 있지 않지만, 토기의 구연부 표면의 이중구연 위에 짧은 빗금을 그은 무니인 단사선문을 두른 이중구연 단사선문 토기가 출현하고 있다. A1호. A4호주거지에서는 공열문과 단사선문이 함께 나타는 것 외에 단사선문만 단독으로 나타나기도 한다.

22 숭실대학교발굴조사단, 『미사리』 3, 경기도공영개발사업단, 1994, pp.168~176.

23 위의 주 p.340.

를 크게 세분하기가 어렵다. 대부분이 빗살무늬토기 편을 공반(共伴)하고 있어 혹 주거지를 조성할 때 부근에서 매립된 것으로 추정하기도 하지만 꼭 그렇게만 볼 수 없다, 앞에서 공열문토기를 동반하는 토광(土壙)에 의하여 원저형 심발형토기와 돌대각목문토기를 반출(伴出)하는 A-제018호주거지 일부가 잘려 나간 것으로 보아 돌대각목문토기 보다 늦은 단계에 출현한 것으로 보는 것 정도이지 크게 구분하기가 어렵다.

특히, 미사리 A10호주거지를 제외하고 모든 주거지 내부에서 다수의 빗살무늬토기 편이 수습되고 있는 점이나, A1호주거지 내부에서 수습된 여러 편의 빗살무늬토기 편을 분석한 결과, 점질토(粘質土)야 기본 바탕이지만 이외에 대부분 빗살무늬 토기 태도와 같이 고운 석립(石粒) 및 사립(砂粒)으로 성형되었다고 한 것[24]을 보면 주거지 내부의 빗살무늬토기를 사용했던 선주민과 공열무늬토기 류를 사용하는 주거지의 주인공과는 상당히 밀접한 관계가 있을 것으로 추측된다. 이들 토기는 대체로 비슷한 시기에 사용된 토기로 한 동안 미사리에서 거주하다가 어떤 이유에서인지 미사리를 떠날 수밖에 없었을 것으로 추정된다. 그 이유는 해수면의 상승이었을 것이다.

신석기시대 말기에 오면서 해수면의 상승으로 높은 지대에 거주할 수 밖에 없게 되어 고운 양질의 점토를 구하기가 어려워지자 산기슭의 회갈색토를 사용하기 때문에흙이 거칠어지면서 태토가 부드럽지 않고 석립(石粒)과 모래가 많이 섞이니까 태토에 무늬를 새기기가 어렵게 된다. 그래서 구연부에 단순한 무늬를 새긴다거나 구멍을 뚫어 장식할 수 밖에 없었다.

아가리의 말단 단면인 구순(口脣)에 손톱으로 꼭꼭 눌러 나가는 손톱무늬 같은 각목문(刻目紋)을 세긴 구순 각목문토기 그리고 구연부 바로 아래에 짧은 빗금을 그은 무늬인 빗금무늬토기 혹은 단사선문(短斜線紋)토기 등이 있다. 이 밖에 구연부 윗부분에 구멍만을 뚫는 단순 공열문(孔列紋)토기가 있다.

이른바 미사리식 토기에는 원저(圓底) 심발형토기, 평저형토기, 돌대각목문(突帶刻目紋)토기, 구순각목문토기, 공열문토기, 구순각목 공열문토기, 구순각목 공열 단사선문토기 외에 이중구연(二重口緣)토기, 이중구연 단사선문토기 등이 있다. 그리고 홍도(紅陶), 흑도(黑陶), 채도(彩陶)가 무문토기와 함께 출토되기도 한다. 이들은 이른바 '미사리식토기(渼沙里式土器)' 라 일컬을 수 있을 것이다. 한편, 모두 마제석기를 동반하고 있다.

미사리 유적에서 비교적 간단한 무늬들이 시문(施紋)되고 있는 양상을 찾아 볼 수 있는데 이러한 현상은 아마 미사리유적의 청동기시대 주거지의 해발고도가 18~19m 정도인 것을 참작하면 미사리 유적 주변의 한강 유역의 점토층이 수면에 아직 잠기지 않은 상태로 태토의 원료인 점토를 채토 할 수 있었을 것으로 보인다, 그렇다고 해도 태토의 성분이 모래와 석립이 많이 섞인 점토로 성형되었다고 하는 것을 보면 미사리식 토기가 소성도가 낮고 표면이 거친 것에 반하여, 태토가 운모, 장석 등의 작은 석립이 섞인 고운 사질점토로 성형된 태토의 표면이 고르고 소성성이

24 숭실대학교발굴조사단, 『미사리』 3, 경기도공영개발사업단, 1994, p.59.

양호한 미사리 빗살무늬토기와는 구분된다. 미사리 빗살무늬토기는 해수면 낮은 시기인 한강 유역에 점토가 많이 분포되었을 시기에 채토된 태토로 성형되었기 때문에 토기의 표면에 용이하게 빗살무늬를 시문할 수 이었다. 이에 비해 미사리식 토기는 한강 유역의 수면의 상승으로 점토를 용이하게 채토하기 어려우므로 모래나 석립이 많아질 수밖에 없었을 것이다.

미사리유적에서 원저 심발형토기가 돌대각목문토기와 함께 출토되고 있는 A-제018호주거지가 이른 시기의 유적이다.[25] 원저 심발형토기는 신석기시대 토기에서 청동기시대 토기로 넘어가는 과도시기(過度時期)의 토기의 특징을 잘 보여주고 있다.[26] 과도시기가 지나면 점차 무늬가 없는 빈무늬토기 즉, 무문토기(無文土器)가 많아진다. 이 시기가 곧, 순수한 '무문토기시대' 이다. 우리는 과도시기와 무문토기시대를 통칭 청동기시대라고 부른다.

3. 발해연안의 청동기시대 조기 토기의 발생
-돌대각목문토기와 이중구연단사선문 토기 및 공열문토기-

저자가 실제로 1997년에 발굴한 경남 진주시 남강유역의 옥방5지구에서 공열문토기가 출토되었는데, 기벽의 안에서 밖으로 구멍이 관통하지 않을 정도로 반투공형(半透孔形)으로 눌러서 표면에 볼록하게 튀어 나오게 한 볼록무늬가 확인되었다. 그리고 이 볼록 튀어 나온 볼록문늬가 인위적인지 자연적인지 분명치 않으나 떨어져 나간 경우가 많이 보이고 있었다. 볼록무늬가 떨어져 나간 곳은 구멍이 관통하여 마치 처음부터 안에서 밖으로 관통시킨 것처럼 보인다.

발해연안의 중국 요녕성 요동반도와 부근 도서지방인 광록도의 신석기시대 후기 문화인 '소주산(小珠山) 상층문화' 유적에서 돌대각목문토기가 출토되고 있다.[27] 돌대 각목문토기는 소주산 상층 유적을 비롯하여 광록도 력사강(礫碴崗), 대장산도 상마석(上馬石) 중층, 대련시 노철산 곽가촌(郭家村) 상층 유적에서 토기의 전면에 빗살무늬 등 여러 무늬를 시문하던 유문토기(有紋土器)가 주로 토기의 구연부에 시문되고 있다. 중국 용어로 부가퇴문(附加堆紋)이라고 부르는 덧띠를 두른 돌대(突帶) 위에 각목문을 새긴 돌대각목문토기가 출토되고 있다. 소주산 상층문화 시기의 대표적인 유적인 곽가촌유적에서는 옹형토기나 호형토기의 구연부에 돌대(突帶)를 두르고 각목문(刻目紋)을 결합한 돌대각목문토기가 출토되었고, 아가리에 태토를 겹으로 붙인 이중구연

25 위의 주 p.93. 공열문토기가 출토되는 토광에 의하여 A018호주거지가 잘려나갔기 때문에 이 보다 늦은 단계에 출현한 것으로 보인다고 하였다.

26 필자는 우리나라 고고학 편년에서 신석기시대 토기에서 청동기시대 토기로 넘어가는 과도시기(過度時期)를 설정한 바있다.(이형구, 「진주 남강 옥방유적」『발해연안에서 찾은 한국고대문화의 비밀』, 새녘, 2012, pp.182~183.) 한편, 송만영 교수도 미사리 유적을 신석기시대와 청동기시대의 과도기적 성격을 갖는 시기의 유적으로 보았다.(송만영, 『중부지방 취락고고학 연구』, 서경, 2013, p.28)

27 이형구,「발해연안 빗살무늬토기문화의 연구」『한국사학』10, 1989, pp.65~70.

(二重口緣)에 짧은 단사선문을 시문한 이른바 이중구연 단사선문토기가 출토되고 있다.[도면 7] 곽가촌 상층의 탄소측정년대는 4180±90BP.로 나오고 있고, 상마석 상층에서는 3320±160 BP.로 나왔다.[28]

그리고 중국 길림성 북부 눈강(嫩江) 유역과 내몽고 서요하 서랍목륜하(西拉木 倫河) 유역에서 출토되고 있는 소위 진주문도기(珍珠紋陶器)가 출토되었다.[29] 이 진주문도기의 진주문이 우리나라의 공열문과 비교될 수 있을지 모르겠다. 진주문은 토기의 기벽을 안에서 밖으로 구멍이 관통하지 않을 정도로 눌러서 표면에 볼록하게 튀어 나오게 한 반투공식(半透孔式) 볼록무늬이다. [도면 8-7,8,11] 그리고 밖에서 안으로 눌른 경우로 보인다.[도면 8-12] 이밖에 국내에서는 유돌문(溜突紋)이라고 하는 것과 유사한 것도 있다.

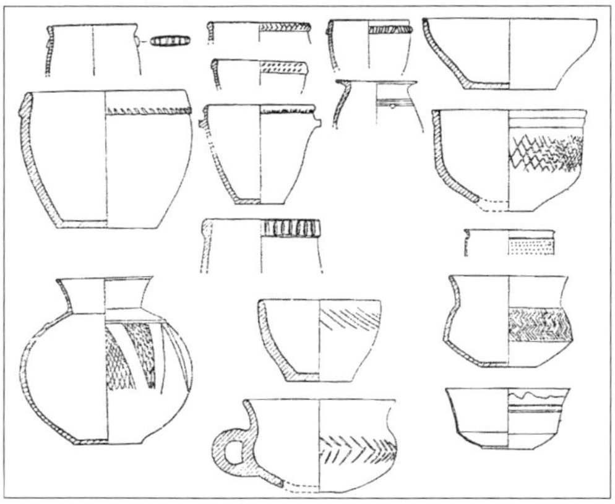

[도면 7] 요동반도 남단 여순 노철산 북쪽 해발 60m 지점의 곽가촌유적 출토 소주산 상층문화 토기 각종(상: 돌대각목문토기, 좌중: 이중구연 단사선문토기)

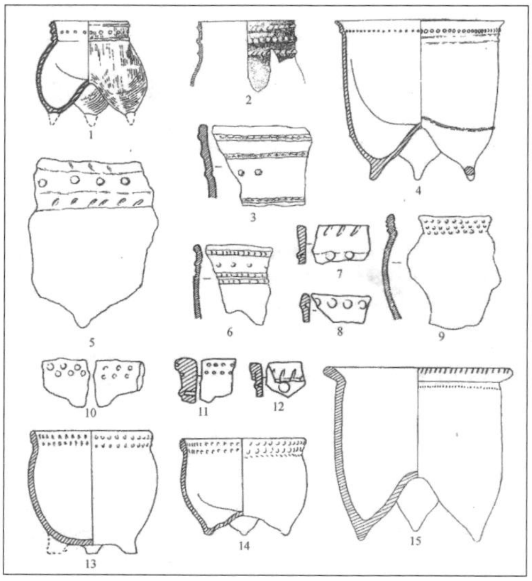

[도면 8] 중국 길림성 북부 눈강(嫩江) 유역에 보이는 진주문도기 각종(7.8.11은 안에서 밖으로 반투공, 12는 밖에서 안으로 반투공 함)

기형은 대개 삼족도기(三足陶器) 류의 도정(陶鼎)이나 도력(陶鬲)의 구연부에 덧띠무늬(부가퇴문)와 함께 한 줄 혹은 두 줄의 진주문을 돌린다. 구연부에 덧띠를 두르고 각목무늬를 세기고 있다. 중국 동북지방에서 이런 무늬가 유행한 시기는 만상(晩商)시기라고 한다. 상(商)을 은(殷)이라고도 하는데, 만상시기는 중국 은나라가 은허(殷墟)에 수도였던 시기에 해당하는 시기로 대략 기원전 14~11세기를 가르킨다.

중국 길림성 북부에서 출토된 토기의 기벽을 안에서 밖으로 구멍이 관통하지 않을 정도로 둘러서 표면에 볼록하게 튀어 나오게 한 반투공식 볼록무늬 진주문은 우리나라의 공열문토기에서 보이는 공열무늬와 비교 할 수 있을 런지 모르겠다.[30]

---

28 위의 주 p.69

29 왕립신, 「중국동북지구소견적진주문도기」『변강고고연구』2, 과학출판사, 1989, pp.113~124.

30 미사리유적에서 과도시기의 토기 가운데 단도마연토기와 흑도가 동반하고 있다. 역삼동 유적에서도 단도마연토기가 출토되고 있다. 연도마연토기와 흑도는 요동반도 청동기시대 전기 유적에서 흔히 출토되고 있어 반해연안을 통해 교류가 있을 것으로 추측된다.(추론 상론 할 것임)

미사리유적에서 출토된 공열문토기의 공열의 시문 방법에 대해서 보고자는 모든 토기들이 안에서 밖으로 뚫었으며 구멍을 완전히 관통하지않고 절반가량만 관통시켜서 밖에서 보면 공열 같은 장식이 배열된 것처럼 보인다고 하였다.[31] 그러나 보고자는 A1호주거지에서 출토된 공열문토기 16점 가운데 공열의 투공수법을 보면, 안에서 밖으로 반투공한 것이 8점으로 가장 많고, 완전 투공한 것이 5점이며, 반대로 밖에서 안으로 투공한 것이 3점이라고 하였다.[32] 밖에서 안으로 투공하는 방법도 있음을 알 수 있다.

발해연안의 돌대각목문토기, 이중구연 단사선문토기, 공열문토기 역시 자연환경의 영향으로 발생하였을 것으로 추정한다.

4. 가락식 토기와 역삼동 토기의 형성

서울의 청동기시대 유적으로는 송파구 가락동유적과 강남구 역삼동유적이 대표적인데, 이들 유적은 해발 40m에 위치하고 있다고 하는 사실을 주목할 필요가 있다.[표 2] 북한강 유역의 춘천 중도 유적은 해발 72~74m 위치에 분포하고 있다. 남한강 유역의 여주 흔암리 유적은 해발 123m에 위치하고 있다.

이는 앞 [표 1]에서 본 바와 같이 신석기시대 유적인 강동구 암사동유적과 하남시 미사리동 유적의 분포위치인 해발 20m 보다 적어도 20m정도 높은 구릉지대에 위치에 분포하고 있다고 하는 사실을 알 수 있다. 이와 같은 변화는 당시(신석기시대와 청동기시대의 과도기기) 서해안의 해수면(海水面)이 상승(上昇)하여 낮은 충적(沖積) 지대가 물에 잠기게 되므로 인류들이 구릉(丘陵) 위로 옮겨 가 살게 되었기 때문이 아닌 가 추측된다.

지금으로부터 4000년 전에는 현재의 해수면보다 1.7m정도 낮았다고 하는 보고가 있다.[33] 지금으로부터 4000~3000년 전에는 해수면이 높아지면서 여름 우기의 만조 시에는 3~4m 이상 상승(上昇)하였다고 한다. 그리고 청동기시대에 오면 패총(貝塚)이 내륙으로 상당히 깊이 들어오는 현상을 볼 수 있다. 서해 연안의 패총이 내륙 깊숙이 들어와 있는 이유는 지금부터 4000~3000년 전인 신석기시대 말기후부터 청동기시대 초기까지 기후와 자연환경이 변화하면서 해수면(海水面)이 상승하여 해안선이 내륙으로 깊이 들어오기 때문이라고 추정된다.

빗살무늬토기를 만들어 쓰던 사람들은 강가나 해안선 가까운 곳에 살았다. 청동기시대인 들은 해수면이 높아지면서 해안선이 내륙으로 들어오기 때문에 지대가 높은 산기슭이나 구릉 위로 올라가 살게 된다. 청동기시대 유적들은 대체로 해발 30~70m지역에 분포하고 있다

31 서울대학교발굴조사단, 『미사리』 4, 경기도공영개발사업단, 1994, p.251.

32 숭실대학교발굴조사단, 『미사리』 3, 경기도공영개발사업단, 1994, p.53, 56.

33 이찬, 「자연환경」 『한국사』1, 국사편찬위원회, 1974, p.59.

한강 유역의 수면이 강 연안까지 침수하게 되자 암사리유적과 미사리유적이 물에 잠기게 되자 인근 지역의 구릉 위로 올라가서 살 수밖에 없게 되어, 낮은 산상이나 구릉으로 옮겨 간 유적이 바로 역삼동유적과 가락동유적이다.

한강 하류 충적지대에서 살던 사람들 가운데 일부가 인근의 구릉(丘陵) 지대로 올라가서 생활하였을 것으로 추측되는 유적이 한강 남안의 송파구 가락동 안산(해발 40m), 강남구 역삼동 매봉산(해발 96m), 강동구 명일동 구릉(헤발 42m), 고덕동 고덕산(해발 79.6m) 지역이다. 그리고 한강 북안에는 남양주 수석동 야산(해발 80m) 지역이 있다. 이 가운데 대표적인 유적이 가락동 주거지와 매봉산 역삼동 주거지이다. 그러나 역삼동 주거지 이외는 최근 도시개발로 모두 인멸돼 그 흔적마저도 찾아 볼수 없게 되었다.

가락동 주거지는 1961년 조사 당시에는 경기도 광주군 가락리(현 서울 송파구 가락동) 해발 40m의 안산(安山)의 산마루에 위치하고 있었다.[34] 주거지의 면적은 동서 10m, 남북 7m의 장방형이다. 가락동 주거지에서 출토된 토기는 이중구연(二重口緣)토기를 비롯해서 호형토기와 각형토기(角形土器)가 대표적이다. 미사리식 토기에서 익히 찾아 볼 수 있는 양식이지만 이중구연(二重口緣)에 짧은 빗금무늬인 단사선문(短斜線紋)을 시문한 '이중구연 단사선문토기' 가 특색이다.

가락동 주거지에서 출토된 호형토기의 태토는 미사리식 토기와 같은 모래와 석립(石粒)이 포함된 비교적 거친 편이고 태토의 색갈은 황토색(黃土色)이다. 그리고 각형토기의 기형은 좁은 평저에 위로 넓어진 나팔형 동체에 곧은 입술을 가지고 있다. 이러한 토기는 미사리식 심발형토기에서 찾아 볼 수 있다. 가락식토기는 미사리식 토기에서 변형된 양식으로 보인다.

한강 유역에서 이중구연(二重口緣)만 부착된 순수한 이중구연토기는 보이지 않지만 이중구연 단사선문토기는 가까운 미사리식 토기에서 찾아 볼 수 있다. 미사리유적 A8호 주거지에서 각형토기와 함께 출토된 미사리식 토기에는 아가리 부분을 점토로 불과 1㎝ 이내 좁은 띠를 겹으로 둘러싼 이중구연을 만들고, 겹으로 싸인 이중구연 윗면에 짧은 빗금무늬인 단사선문을 새겼다.[도면 10]

그러나 가락동 유적에서 출토된 평저옹형토기에는 아가리 부분에 3㎝ 넓이로 점토를 겹으로 둘러 이중구연을 만들고 이중구연의 아래 몸체에 점토띠를 붙인 부분을 돌아가면서 짧은 빗금무늬인 단사선문 만을 새긴 것이 약간 다르다. 이를 '가락식토기(可樂式土器)' 라 일컫는다.[35][도면 11] 이중구연 단사문토기와 각형토기(角形土器)는 일지기 강화도에서 발견된바 있다.[도면 9]

1966년 강화군 하점면 부근리 743의 4번지 점골 고인돌무덤(해발 55.5m)에서 북쪽으로 약 70m 떨어진 지점에서 청동기시대의 집자리가 발굴되었다.[36] 고려산 북쪽 능선의 해발 약 60m 위치에 자리 잡고 있다. 발굴 당시 반지하식(半地下式) 동쪽 한 벽면의 길이가 2.5m, 남쪽 벽면이

34 김정학, 「광주 가락리 주거지 발굴 보고」『고문화』2, 한국대학박물관협회, 1963, pp.11~25. 지금은 잠실지구 도시개발로 안산이 삭산(削山)되어 가락동유적은 모두 없어졌다.(잠실지구유적발굴조사단, 「잠실지구유적발굴조사 보고」『한국고고학보』3. 1977, p.65)

35 김정학, 「광주 가락리 주거지 발굴 보고」『고문화』2, 한국대학박물관협회, 1963, p.25.

36 김재원, 윤무병, 『 한국지석묘연구 』, 국립박물관, 1967.

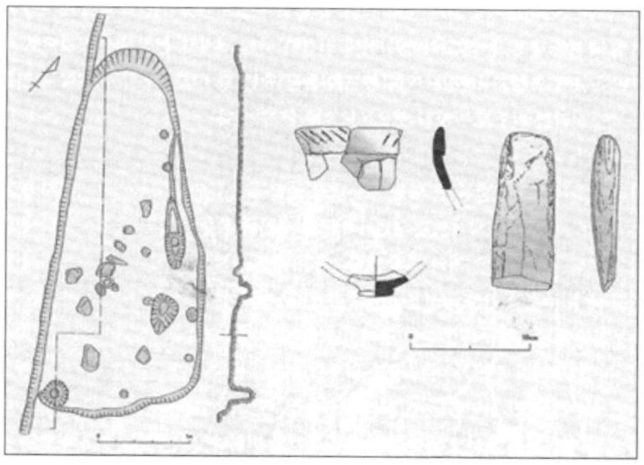

[도면 9] 강화군 하점면 삼거리 주거지 출토 이중구연 단사선문토기 편(중 상)과 각형토기 저부 편(중 하, 『한국지석묘연구』, 1966)

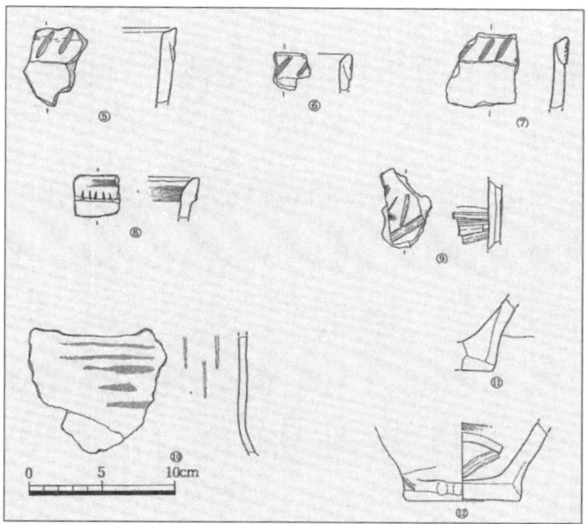

[도면 10] 하남시 미사리유적 A8호주거지 출토 이중구연 단사선문토기 편과 평저토기 저부 (『미사리』 3, 1994, p.143)

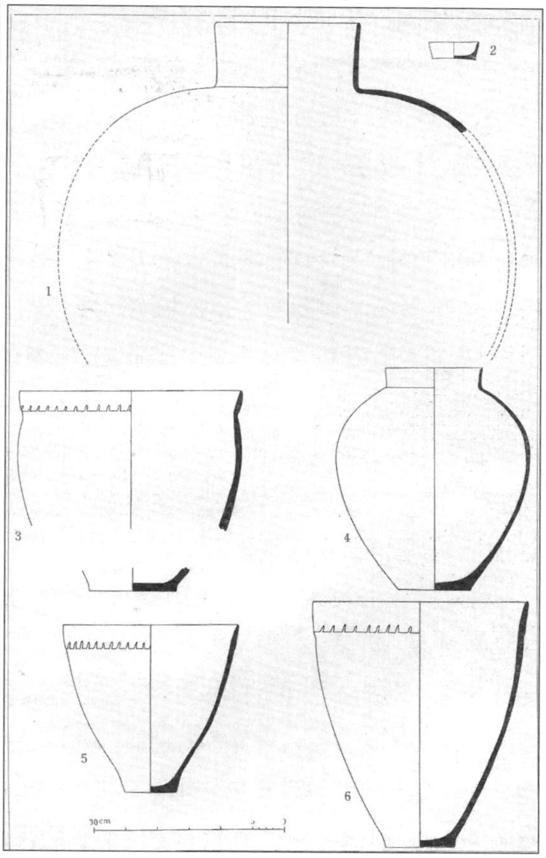

[도면 11] 송파구 가락동 주거지 출토 토기 각종(『고문화』2, 1963)

1.6m 정도만 남아 있었다고 한다. 집자리의 주거면에서 짧은 빗금무늬인 단사선문을 시문한 이중구연 단사선문토기 편[도면 9의 중 상]과 각형토기의 바닥 편[도면 9의 중 하]이 함께 출토되었다. 그리고 마제석부도 출토되었다.

이 밖에 강화도에서 이중구연 단사선문토기 편이 출토된 유적으로 내가면 오상리유적이 있다. 저자가 발굴한 오상리유적은 낮은 구릉에 11기의 고인돌무덤이 분포되고 있는데, 유적의 표토와 고인돌무덤의 하부구조 부근의 부식토층(腐植土層)에서 이중구연 토기 편이 출토되었다.[37] [사진 3] 이중구연이나 각형토기는 신석기시대 빗살무늬토기에서 청동기시대 빗금무늬토기로 이

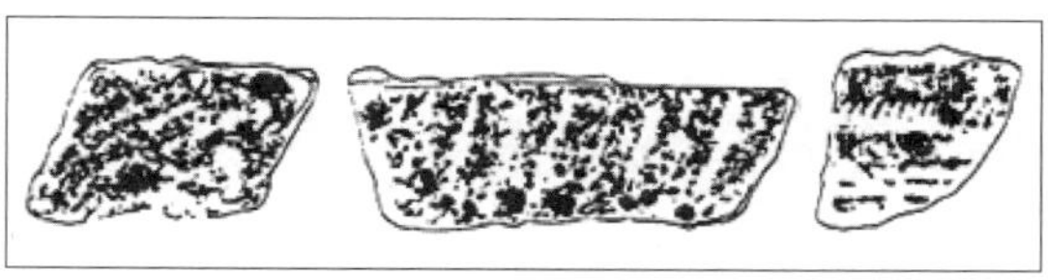

[사진 3] 강화도 내가면 오상리 고인돌무덤 출토 이중구연 단사선문토기 편 구연부 탁본(『강화도의 역사와 문화』, 2017, p.36)

37 이형구, 『강화도 내가면 오상리 고인돌무덤 발굴조사 보고서』, 선문대학교 고고연구소, 2002, p.84.

어지는 과도시기의 토기이다.[38]

이것은 발해연안 동부지역의 전형적인 청동기시대의 초기 유형으로 당시까지만 해도 각형토기가 임진강 이남에서 발견된 것은 강화도 부근리유적이 처음이었다. 이런 각형토기는 요동반도 일대와 우리나라에 분포되고 있는 청동기시대의 대표적인 토기유형이다.

역삼동 주거지는 강남구 도곡동(구 역삼동) 매봉산(해발 96m)의 남록 중턱 해발 40m에 위치하고 있다.[39] 가락동 주거지(해발 40m)와 같은 높이에 위치하고 있다. 역삼동 주거지의 면적은 장축 16m, 단축 3m인 세장방형(細長方形) 이다. 역삼동 주거지 출토 토기의 기형은 옹형토기(甕形土器)로, 평저로 된 바닥이 좁고 아가리가 넓게 벌어진 나팔 모양을 하고 있는데, 동체부에 가서 약간 내면으로 구부러지면서 똑바로 올라가서 구연부는 직선형을 이루고 있다. 구연부 말단의 구순(口脣)에는 각목문(刻目紋)을 세겼고, 구연부 표면에는 공열문(孔列紋)을 돌렸다.〈도면 11〉 태토는 성근 모래가 많이 섞인 점토질이며 기면은 황갈색 혹은 흑갈색을 띠고 있다. 이러한 특징은 모두 미사리식토기와 가락식토기에서 찾아 볼 수 있다.

역삼동 주거지에서 출토된 토기는 미사리식 평저 심발형토기에서 변형된 양식으로 보인다. 태토 역시 미사리식토기에서처럼 모래와 석립(石粒)이 많이 섞이고 점토는 빗살무늬토기보다 비교적 소량으로 태도는 약간 거친 편이고 기면은 암갈색 또는 황갈색이다.

이와 같은 양식은 가락식토기에서도 보이고 있으며, 호형토기가 함께 출토 되는 것도 가락식토기와 비슷하다. 그리고 미사리식 토기에서 쉽게 찾아 볼 수 있는 아가리(口緣)의 구순(口脣)에 각목문을 새기고 아가리 상부 표면에 공열문(孔列紋)을 장식한 '구순각목공열문토기' 가 특징이다. 이를 '역삼동토기(驛三洞土器)' 라 일컫는다.[40][도면 12]

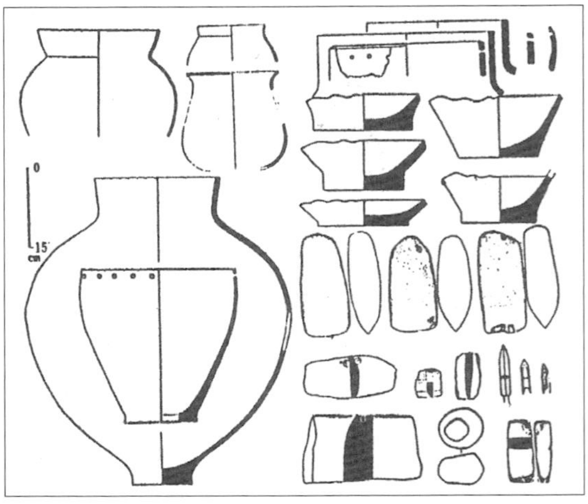

[도면 12] 강남구 역삼동 주거지 출토 토기와 석기 각종(『사학연구』 20, 1968)

역삼동 주거지의 시기는 미사리 주거지의 연대를 크게 벗어나지 않을 것으로 보인다. 다만 앞에서 지적한 바와 같이 미사리 유적의 공열문토기를 반출하는 토광(土壙)에 의하여 돌대각목문토기를 반출하는 A-제018호 주거지가 잘려 나간 것으로 보아 공열문토기가 돌대각목문토기 보다 조금 늦은 단계에 출현한 것으로 보인다.

미사리 유적 제015호주거지에서 돌

38 이형구, 『강화도의 역사와 문화』, 새녘, 2017, p.41.

39 임병태, 「역삼동 주거지 발굴보고」『한국 청동기문화의 연구』, 학연문화사, 1996, pp.229~258.

40 임병태, 「한강유역 무문토기의 연대」『한국 청동기문화의 연구』, 학연문화사, 1996, p.89

대각목문토기 다음 시기에 공열문토가가 나타나는데, 춘천 중도유적에서도 돌대각목문토기다음에 공열문토기가 출현하고 있는 점이 상통한다.[41]

서해(西海)의 해수면(海水面)이 상승(上昇)하고 한강의 강물이 불어나면서 한강 하류에 살던 사람들은 일부는 한강 유역의 야산의 구릉 위로 올라가서 살게 되고, 대부분은 한강 중상류인 북한강유역과 남한강유역으로 옮겨가서 생활하지 않았나 추측된다. 그 대표적인 유적이 북한강유역의 춘천 분지의 청동기시대 유적이고, 또 하나는 남한강유역의 여주 흔함리유적이다.

2013년부터 춘천 중도에 레고랜드를 건설하기 위해서 대규모 구제발굴이 들어갔는데, 2014년 춘천 중도유적 C구역 20호주거지에서 원저(圓底) 심발형토기와 돌대각목문토기(突帶刻目紋土器) 그리고 발형토기가 출토되었다.[42][원색사진 6의 왼쪽]

이는 하남 미사리유적 제015호주거지에서 원저 심발형토기, 돌대각목문토기가 출토된 사례와 매우 유사하다.[43][도면 4] 원저 심발형토기는 신석기시대에서 청동기시대로 넘어오는 과도시기의 유물이다. 이 시기에 한강 하류의 인류들은 해수면의 상승과 더불어 북한강 춘천 지역으로 이동하였을 것으로 추측된다. 한강 상류 북한강 유역으로 옮겨 간 대표적인 집단으로는 춘천 중도(中島) 지역의 인류를 들 수 있다.

5. 해수면의 상승과 한강 유역 청동기시대문화의 이동

일산 신도시개발 시에 일산지역 토탄층조사에서 이 지역의 7,000BP.경의 해발고도는 현재(해발 4.7m)보다 0.2m 낮은 4.5m에 이르렀고, 4,700~2,460BP.사이에는 현재(해발 4.7m)보다 0.8m 더 높은 해발 5.5m 위치에 다다랐다고 한다. 그리고 2,300BP.경에는 해발 4.85m로 현재(해발 4.7m)보다 0.15m 높았음을 알 수 있다.[44] 지금으로부터 4,700~2,300년 전의 한강 하류의 청동기시대의 해수면 높이는 현재(해발 4.7m)보다 0.8~0.15m 더 높았었다고 하는 사실을 알 수 있다. 기원전 2700년부터 기원전 300년 사이에 해수면의 높이는 현재보다 0.8~0.15m 높았다고 하는 사실을 알 수 있다.

한편, [도표 1]의 홀로세(Holocene) 기간의 서해안의 해수면 변동곡선의 A라인에서 보는 것처럼 기원전 2000年紀와 1000年紀에는 현재보다 더 높이 해수면이 상승하고 있음을 알 수 있다.[45] 그

41 이형구, 「춘천 중도의 고대 공동체사회」『한국고대사탐구』21, 2015, pp400~401.
42 문화재청, '춘천 중도유적 보도자료', 2014. 7. 28.
43 고려대학교발굴조사단, 『미사리』 5, 경기도공영개발사업단, 1994, p.105.
44 이동영 · 김주용, 「지질환경조사」『일산 신도시 개발지역 학술조사보고』Ⅰ, 한국선사문화연구소, 1992, pp.41~108.
이의항, 「청동기시대 춘천 지방의 자연환경과 농업」『한국지역지리학회지』9-4, 2003, pp.498~499.
45 황상일.윤순옥, 「울산시 황성동 세죽해안의 Holocene중기 환경변화와 인간생활」『한국고고학보』, 2002, p.40
신숙정, 「신석기시대 연구의 성과와 전망」『한국신석기문화 개론』, 2011, p.28.

리고 [도표 2]의 서해안의 후기 홀로세 기간의 서해안의 해수면 변화도에서도 지금으로부터 4,000~2,000년 전의 서해안의 해수면 높이는 현재보다 높았던 것을 알 수 있다. 이로써 서해안의 해수면이 상승하였음을 추정 할 수 있다.

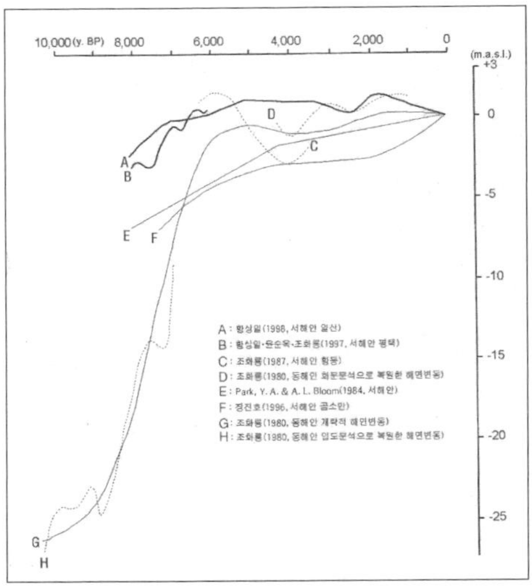

[도표 1] 홀로세 기간의 서해안(A) 해수면 변동곡선(황상일.윤순옥,2002,p.40)

신석기시대에는 한강 하류의 낮은 지역에서 신석기시대 유적이 많이 분포되고 있으나 청동기시대 유적은 비교적 높은 지역에 분포되고 있는 현상을 볼 수 있다. 이로 미루어보아 한강 유역에 바닷물이 신석기시대보다 더 깊이 들어왔던 시기가 바로 신석기시대 후기에서 청동기시대 초기로 넘어가는 과도시기였다고 볼 수 있을 것이다.

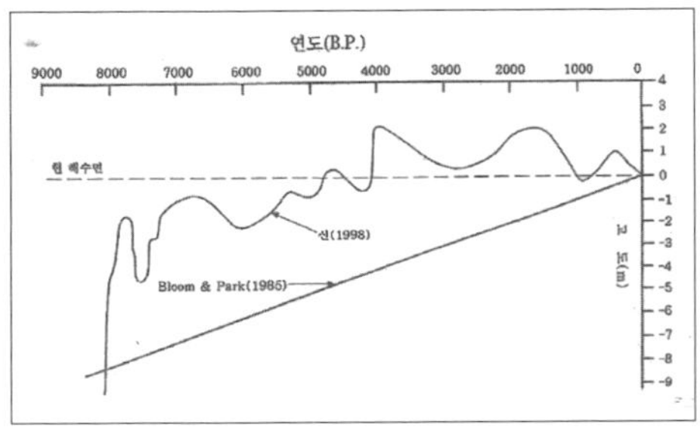

[도표 2] 서해안의 후기 홀로세 기간의 해수면 변화(『한국신석기문화 개론』, 2011, p.28)

한편, 경기만 일대의 청동기시대 패총의 입지가 신석기시대 패총보다 높은 곳에 위치하고 있다는 것이 큰 특징이다.[46] 그것은 바로 해수면의 상승과 연계하지 않을 수 없다.

한강의 수계(水系)는 상당히 넓었을 것이 분명하다. 당시 해수면이 높았다고 하는 사실은 홍수로 인한 범람으로 만조와 겹쳤을 때에는 한강의 수위가 크게 상승했을 것으로 보인다. 현재에도 홍수기에 만조 시에는 한강 수위가 최고 8m 이상 상승한 것으로 기록되고 있다.[47] 현재 한강홍수위 높이가 10.5m인데, 청동기시대의 장마나 홍수 시에 만조기(滿潮期)까지 겹치면 한강 유역의 침수면적은 상상을 초월했을 것이다.

가락식토기와 역삼동토기 시기에 이르게 되면 한강 유역의 수면이 강 연안까지 침수하여 암사동유적과 미사리유적이 물에 잠기게 되고 주민들은 인근의 구릉 지대나 한강 상류 연안으로 옮겨 가 살게 된 것으로 추측된다.

과도시기의 미사리식토기 중에 무늬가 있는 유문(有紋)토기까지도 전부 무늬가 없는 무문(無紋) 토기 즉, '무문토기(無紋土器)' 라고 '공식화' 된 실정이지만 돌대각목문토기, 구순각목문토기, 공열문(孔列紋)토기, 구순각목 공열문토기, 구순각목 공열 단사선문토기, 이중구연(二重口緣)토기, 이중구연 단사선문토기 모두 무늬(紋樣)이 있는 유문토기(有紋土器)이다.

46 최종혁, 「우리나라의 청동기시대 패총」『한국의 조개더미(패총) 유적』, 한국문화재조사기관협의회, , 2010, p1159.
47 이의항, 「청동기시대 춘천 지방의 자연환경과 농업」『한국지역지리학회지』 9-4, 2003,499쪽.

이런 무늬가 있는 이른 시기의 유문토기들은 모두 조기 청동기시대에 속한다. 미사리 유적의 시기를 3100BP. 이전(以前)으로 편년하고 있다.[48]

이 시기는 서해안의 해수변 변화[도표 1.2]의 해수면 상승곡선에서 보는 것처럼[49] 후기 홀로세(Holocene) 기간인 기원전 2000年紀와 1000年紀에 북한강유역에까지 바닷물이 들어왔다고 보는 시기와 매우 근접하고 있다.[50]

한강 상류 북한강 유역으로 옮겨 간 집단으로는 춘천 지역의 인류를 들 수 있다. 춘천 분지의 청동기시대의 유적들은 대부분 중도로부터 약 10km 이내의 거리에 분포하고 있다. 그러나 내평리 유적은 중도로부터 약 19km 정도이다.[51] 이들 지역의 유적이 중도에 집합(集合)되고 있는 이유는 수로(水路)의 이점을 들 수 있을 것이다.

2013년부터 춘천 중도에 레고랜드(LAGOLAND)를 건설하기 위해서 대규모 '구제발굴' 이 들어갔는데, 2014년 춘천 중도유적 C구역 20호 주거지에서 원저(圓底) 심발형토기와 돌대각목문토기(突帶刻目紋土器) 그리고 발형토기가 출토되었다.[52] 이는 하남시 미사리 유적 제015호 주거지에서 원저(圓底) 심발형토기, 평저발형토기, 돌대각목문토기가 출토된 사례와 매우 유사하다.[53] 그 중 원저형(圓底形) 혹은 환저형(丸底形) 토기는 바닥이 둥글고, 기형은 심발형(深鉢形) 토기와 유사한 '둥근바닥 바리모양토기 또는 원저심발형토기(圓底深鉢形土器)' 라고도 하는데, 이 원저심발형 토기는 신석기시대에서 청동기시대로 넘어오는 과도시기의 유물이다.[원색사진 6의 왼쪽] 해수면의 상승과 더불어 하남시 미사리에서 춘천 중도로 이동하였을 것으로 추측된다.

청동기시대 유적에서 빗살무늬토기가 적지 않게 출토되고 있는데 파편만이 남아 있어 기형을 추정하기 어렵지만 아마 신석기시대에서 청동기시대로 넘어가는 과도시기의 토기로, 빗살무늬토기의 대표적인 특징인 바닥이 뾰족한 첨저형(尖底形)에서 바닥이 편평한 평저형(平底形)인 무문토기로 변화해가는 것으로 보인다. 빗살무늬토기들은 태토(胎土)가 무문토기의 태토와 같고, 빗살무늬 계통인 단사선문(短斜線紋)이 무문토기의 구연부에 잘 전승되어 나타나고 있음을 볼 수 있다. 미사리식 토기에 청동기시대의 무문토기가 신석기시대의 빗살무늬토기와 똑같은 태토를 사용하고 있는 사실을 주목하였다.[54]

---

48 김병학, 「서울.경기지역의 조기-전기문화 편년」『한국청동기시대 편년』,2013, p122. "한강유역 청동기시대유적의 시기 구분은 Ⅰ단계인 조기문화로 미사리 유적을 꼽는다. 이 시기는 3100BP 이전(以前)으로 편년되고 있다. 다음 Ⅱ단계의 유형인 서울 가락동유적은 Ⅱ단계의 연대는 3000~2850B.P로 편년되고 있다. 한강유역의 청동기시대문화 Ⅲ단계의 유적으로 여주 흔암리 유적이 있다. Ⅲ단계의 연대는 2900~2750B.P로 편년되고 있다. 마지막 단계인 Ⅳ단계 유적으로 서울 강남구 역삼동 유적이 있다. 역삼동유적은 Ⅳ단계 시기인 2850~2700B.P로 편년되고 있다."

49 신숙정, 「신석기시대 연구의 성과와 전망」『한국신석기문화 개론』, 서경, 2011, p.28.

50 물론 해수면 변동곡선이 작은 화면에 기(紀)단위로 분석 제도되었기때문에 오차범위의 간극이 있을 수 있다.

51 최종모, 「강원 지역 신석기시대 · 청동기시대의 마을과 도시」『중부고고학회 정기학술대회 논문집』, 중부고고학회, 2013, p.37.

52 문화재청, '춘천 중도유적 보도자료', 2014. 7. 28.

53 고려대학교발굴조사단, 『미사리』 5, 경기도공영개발사업단, 1994, p.103.

54 미사리선사유적발굴조사단, 『미사리』 1, 경기도공영개발사업단, 1994, p.185.

이로써 빗살무늬토기가 다른 지역에서 유입(流入) 또는 전래(傳來)된 것이 아니라 같은 지역에서 만들어진 것임을 알 수 있다. 그것은 바로 이 지역 주민들이 청동기시대 이전인 신석기시대부터 이 곳에서 계속 성장 · 발전해오면서 생활해 왔음을 말해 주는 것이다.

청동기시대에 서해의 해수면이 지금보다 3~4m 높았다면 한강의 수계는 상당히 넓었을 것이 분명하다. 그렇다면 아마 경기도와 강원도의 경계지점인 경강(京江) 인근까지 해운(海運)이 가능하였을 것으로 추정된다.

중국의 경우, 초기 국가의 도시의 발전 과정에서도 주요 중심지로 필수 자원의 지속적인 유입이 전제되었다. 육로나 수로를 통해 모든 방향으로 교통로가 연결된 중심축에 위치하여 자연자원이 풍부한 지역들에 쉽게 다다를 수 있는 최적의 조건을 갖추고 있었다.[55] 수상 운송 루트의 위치와 핵심 자원과의 상관관계가 초기 국가의 문화적 정치적 환경을 결정하는 주요 원인이었다. 자연지리 환경이 최초 도시 형성 과정 중의 취락 형태에도 영향을 미쳤을 것이라고 하였다.[56] 우리나라에서는 이와 같은 조건을 바로 북한강유역의 춘천 중도유적에서 그대로 찾아 볼 수 있다.

맺는 글

한강 유역의 신석기시대 인류들은 천혜의 자연조건 아래에서 빗살무늬토기를 사용하면서 오래도록 살아왔다. 신석기시대 후기에 와서 기후변화에 의하여 해수면이 상승하게 됨으로 한강 하류에서 살던 인류들은 새로운 자연환경을 찾아 떠날 수 밖에 없었을 것이다. 이에 적응할 수 있는 곳 높은 지대로 올라가던가 아니면 한강 상류로 이동하는 길밖에 없었을 것이다. 높은 지역으로 올라간 대표적인 유적이 바로 서울 강남구 매봉산 역삼동유적이다.

한강 유역의 서울 암사동유적이나 하남시 미사리유적에서 전형적인 빗살무늬토기의 첨저형 기형이 환저형으로 다시 평저형으로 변화해 가는 현상을 볼 수 있다. 이와 같은 현상은 해수면의 상승으로 한강 강가에 있는 암사동이나 미사리의 사구(沙丘)지역에 물이 차오르기 시작하면서 모래밭을 상실한 인류들은 뾰쪽 밑을 갖춘 첨저형토기 대신 평지에서 세우기 쉬운 환저형이나 평저형의 토기를 창출해 냈을 것으로 추측된다. 해수면의 상승으로 점점 충적층을 상실하면서 태토의 원료인 점토의 채취가 용이하지 못하게 되자 태토에 사립이나 운모가 증가하게 된다. 이때 토기의 기면은 거칠어지면서 전면에 빗살무늬를 새기기에 부적절하게 되자 아가리 단면에 누룬무늬(각목문)를 새기거나 아가리 표면에 점토로 덧띠(돌대)를 두르고 비교적 간단한 장식(각목문)을 하는 정도의 토기가 출현한다.

신석기시대 후기에 오면서 해수면이 상승하게 되자 한강 가에 살던 인류들은 점점 구릉 위

55 진성찬 저 심재훈 역, 『중국 고대국가의 형성』, 학연문화사, 2006, p.51.
56 진성찬 저 심재훈 역, 『중국 고대국가의 형성』, 학연문화사, 2006, p.149..

로 이주하게 되어 이 시기의 유적들이 대부분 구릉 위에 분포되고 있는 현상을 이미 보아왔다. 이 시기가 서해안의 해수면이 상승하기 시작하는 시기로 곧, 청동기시대로 넘어가는 과도기적인 시기이다.

미사리유적의 KC-11호 주거지의 탄소C^{14}측정년대 3360±40BP 즉, BC.1400년 경으로 측정되었으며, 미사리 유적의 시기를 대체로 3100BP 즉, BC.1100년 이전(以前)으로 편년하고 있다.[57] 이 시기는 바로 중국 만상시기(BC.14C~11C)와 일치하고 있다.

이 시기의 문화적 특색을 '미사리식토기' 라고 부를 수 있겠지만 좀 더 넓은 의미에서 '미사리문화(渼沙里文化)' 혹은 '과도시기문화(過渡時期文化)' 라고 부를 수 있지 않을까 제언해 본다.

한강 유역의 미사리 유적의 다음 시기의 대표적인 청동기시대 유적 중 하나인 가락동유적은 한강 하류 남안의 송파나루(松坡津) 부근의 해발 40m의 안산(安山) 구릉에 위치하고 있다. 그리고 또 하나의 대표적인 유적으로는 강남구 매봉산 역삼동유적이 있다. 이 유적은 한강 하류 남안 매봉산(해발 96m) 남록 중턱 해발 40m지점에 위치하고 있다.[58]

가락동유적과 역삼동유적은 서울의 청동기시대의 대표적인 유적일 뿐만 아니라 우리나라 청동기시대의 대표적인 유적이다. 비슷한 시기의 이들 유적이 해발 40m에 위치하고 있다고 하는 사실을 주목할 필요가 있다.

청동기시대 인류들이 한강 하류 유역이 수몰되게 되자 한강 상류로 옮겨가 집단생활 터전을 형성하게 된다. 북한강 유역에는 춘천 중도유적이 대표적이고, 이 유적은 해발 72~74m 위치에 분포하고 있다.[59] 그리고 남한강 유역의 대표적인 유적인 여주 흔암리유적은 해발 122.7m에 위치하고 있다.[60]

강원도 춘천 분지 내에는 10여개 지역에 청동기시대의 유적이 대단위로 분포하고 있다. 그 대표적인 집단이 의암댐 안에 있는 중도유적이다. 10여개의 집단은 중도로부터 약 10km 내외의 거리에 위치하고 있다.

신석기시대에서 청동기시대로 넘어가는 과도시기에 태토가 나빠지면서 토기 제작에 사용된 흙이 부드럽지 않고 모래가 많이 섞여 무늬를 새기기가 힘드니까 구멍을 뚫어버린 것이다. 그래서

---

57 김병학, 「서울.경기지역의 조기-전기문화 편년」『한국청동기시대 편년』, 2013, p122. 이 글에 "한강유역 청동기시대 유적의 시기 구분은 Ⅰ단계인 조기문화로 미사리 유적을 꼽는다. 이 시기는 3100BP 이전(以前)으로 편년되고 있다. 다음 Ⅱ단계의 유형인 서울 가락동유적은 Ⅱ단계의 연대는 3000~2850B.P로 편년되고 있다. 한강유역의 청동기시대문화 Ⅲ단계의 유적으로 여주 흔암리 유적이 있다. Ⅲ단계의 연대는 2900~2750B.P로 편년되고 있다. 마지막 단계인 Ⅳ단계 유적으로 서울 강남구 역삼동 유적이 있다. 역삼동유적은 Ⅳ단계 시기인 2850~2700B.P로 편년되고 있다."고 하였다. 어떤 이는 역삼동 유적을 Ⅲ단계로 보고 흔암리 유적을 Ⅳ단계로 분류하기도 한다.

58 이형구, 「역삼동 주거지 발굴보고」『문화강남』5, 강남문화원, 2003, pp.20~30.

59 저자는 춘천 분지 내에서 여러 공동체사회를 이루고 있었을 것이라고 하는 가정 하에 이들 집단들이 집단적인 사회를 형성하면서 중도를 중심으로 이들 사회집단들을 통합하여 공동체사회를 형성하였을 것으로 보고, 공동체사회가 국가단계로 진입하기 이전 단계일 것이라고 하였다. 중도는 바로 공동체사회의 중심적인 역할을 했을 것으로 추론한바 있다.(이형구, 「춘천 중도의 고대 공동체사회」『한국고대사탐구』21, 2015, p.418.)

60 서울대학교 고고인류학과, 『흔암리』Ⅰ.Ⅱ.Ⅲ.Ⅳ, 1973~1977.

구멍도 무늬라고 할 수있다. 끈을 끼우기 위한 하나의 기능이 아니라 장식으로 구멍을 한 줄로 쭉 두르는 토기들이 나온다. 그것이 공열문토기이다. 과도시기가 지나면 청동기시대에는 무늬가 하나도 없는 민무늬토기가 많이 나타 난다. 그래서 청동기시대를 '무문토기시대' 라고 부르기도 한다. 이런 것도 기후와 자연환경에 적응한 문화의 한 양상이라고 생각한다. 청동기시대 문화의 주요 특성인 무문토기도 그것을 사용하고 만든 사람들이 시베리아로부터 이주해 와 신석기시대 사람들을 몰아내고 한반도를 지배한 것이 아니라 신석기시대에 살던 인류들이 기후와 자연환경에 적응하면서 기후와 자연환경에 맞게 생활도구를 만들어 낸 자연적인 문화현상이라고 생각한다.

이와 같은 현상은 신석기시대로부터 청동기시대로 넘어가는 과도기의 유형으로, 우리나라의 신석기시대 문화가 어디론가 사라지고 청동기시대 문화가 도래하여 우리나라에 퍼졌다고 하는, 고대문화의 교체설(交替說)이 있지만 우리나라의 고대문화는 신석기시대로부터 과도시기를 거쳐 청동기시대로 이어져왔다고 보는 것이 자연스러울 것이다.[61]

신석기시대 후기에 오면 해수면이 상승하면서 모래에 묻어서 사용하던 뾰쪽 밑의 첨저형토기가 단단한 바닥에 올려놓기 좋은 납작 밑으로 바뀌기 시작한다. 미사리에서는 청동기시대 초기의 주거지에 보이다가 점점 보이지 않는다. 아마 서해(西海)의 해수면이 상승하고 한강의 강물이 불어오면서 한강 하류에 살던 사람들은 일부는 한강 유역의 구릉 위로 올라가고 대부분은 한강 상류로 옮겨가서 생활하지 않았나 추측된다.

한강 하류 충적지대에서 살던 사람들 가운데 일부가 인근의 구릉지대로 올라가서 생활하였을 것으로 추측되는 지역이 한강 남쪽에는 가락동 안산(해발 40m), 역삼동 매봉산(해발 96m), 명일동, 고덕동 고덕산(해발 79.6m) 지역이고 한강 북쪽에는 남양주 수석동 야산(해발 80m)지역이 있다. 이 가운데 대표적인 유적이 바로 강남구 매봉산 역삼동 주거지이다.

역삼동 주거지를 신석기시대의 빗살무늬토기에서 과도시기의 토기로 이어지고 계속 청동기시대의 무문토기로 이어지는 과정을 살펴보았다. 신석기시대와 청동기시대가 어떤 외부 원인에 의해서 전헌 혹은 교체된 것이 아니라 자연환경의 변화와 함께 자연환경에 순응하면서 이어지는 과도시기(過度時期)의 양상으로 추정하였다.

과도시기의 원저 심발형토기는 신석기시대 토기에서 청동기시대 토기로 넘어가는 과정을 잘 보여주고 있다. 이를 한마디로 '미사리식토기(渼沙里式土器)' 혹은 '미사리식토기시기' 라고 말 할 수 있을 것이다.

과도시기가 지나면 점차 무늬가 없는 민무늬토기 즉, 순수한 무문토기(無文土器)가 많아진다. 이 시기가 곧, '무문토기시대' 이다. 우리는 과도시기와 무문토기시대를 통칭 청동기시대라고 부른다.

일부 알려진 바에 의하면 8,000~5,000BP시기에는 기온이 상승하고 기후가 현재와 같은 정도에 이르렀다고 한다. 그리고 5,000~3,800BP.에 기온이 조금 내려가고 바다가 물러가는 시기라

61 이형구, 「진주 남강 옥방유적」『발해연안에서 찾은 한국고대문화의 비밀』, 새녘, 2012, pp.182~183.

고 한다. 4,000BP.에 다소 추운 기후를 보이다가 3,500BP.에 다시 기후가 따뜻해진 것을 알 수 있다. 3,500~3000BP.시기이면 청동기시대 전기에 해당하는 시기인데, 아마 이 시기에 바다 높이가 상승하여 한강하류 유역은 물에 잠기게 되자 이 무렵 평지에 살고 있던 사람들은 점차 구릉위로 올라가 집을 짓고 살게 되었을 것으로 추측된다.

기후변화에 의하여 자연환경이 변화하게 되면서 인류의 생황의 변화를 가져 온다. 그것은 바로 환경에 적응하는 창의적인 발전으로 청동기시대가 전개된다. 이때 해양활동을 통하여 외부로부터의 영향을 받기도 한다.

청동기시대 후기에 오면 또 한 번의 기후변화를 맞아 서해안의 해수면이 하강(下降)하면서 한강 상류 지역의 인류들이 한강 하류 지역으로 돌아온다. 그 증거가 바로 한강 하류 지역의 '중도식토기(中島式土器)' 의 출현이다. 고사의 '종선왕거(從先王居)' 가 이와 같다고나 할까?

본 논고는 비록 '대제소론(大題小論)' 격이지만 앞으로 많은 연구가 기대되는 분야이다. 저자는 청동기시대의 해수면의 상승문제는 간간히 언급한바 있지만[62] 본격적인 토론을 갖지 못하고 곧바로 본서에 다루게 되었다. 옛 선인이 살았던 지역으로 되돌아가는 '종선왕거' 의 과정도 계속 서술해야 하는데 모든 것을 자력으로 해결해야 하는 한계때문에 후속작업으로 기약할 수밖에 없었다. 이 점 널리 양지하시고 아낌없는 힐정(叱正)을 바란다. 본문을 집필하는데 자료를 협조해 준 원광대 안승모 교수와 복천박물관 하인수 관장에게 감사하다.

〈〈참고문헌〉〉

이형구, 『백제의 도성』, 주류성, 2004.

상명대학교박물관,『서울 삼성동 영동차관아파트 재건축예정부지 문화유적 발굴조사 보고서』, 2004,

국립중앙박물관, 『암사동 Ⅰ』, 1994.

국립중앙박물관,『암사동 Ⅱ』, 1995.

국립중앙박물관, 『암사동 Ⅲ』,2006.

국립중앙박물관, 『암사동 Ⅴ』,2008.

한양대학교 문화재연구소, 「2016년 서울 암사동 유적 발굴조사약보고서」, 2016.

한양대학교 문화재연구소, 「2017년 서울 암사동 유적 발굴조사학술자문회의 자료집」, 2017.

국토지리정보원, 「성동(076)」『1/5,000 지도』, 2013년 인쇄.

62 이형구, 「춘천 중도의 고대 공동체사회」『한국고대사탐구』21, 한국고대사탐구학회, 2015, pp.403~406.

경기도공영개발사업단, 『미사리』 1, 1994.
숭실대학교발굴조사단, 『미사리』 3, 경기도공영개발사업단, 1994.
서울대학교발굴조사단, 『미사리』 4, 경기도공영개발사업단, 1994.
고려대학교발굴조사단, 『미사리』 5, 경기도공영개발사업단, 1994.
이형구, 「역삼동 주거지 발굴보고」『문화강남』5, 강남문화원, 2003.
이형구, 「진주 남강 옥방유적」『발해연안에서 찾은 한국고대문화의 비밀』, 새녘, 2012.
송만영, 『중부지방 취락고고학 연구』, 서경, 2013.
강병학, 「서울.경기지역의 조기-전기문화 편년」『한국청동기시대 편년』,2013
신숙정, 「신석기시대 연구의 성과와 전망」『한국신석기문화 개론』, 2011.
이찬, 「자연환경」『한국사』1, 국사편찬위원회, 1974.
잠실지구유적발굴조사단, 「잠실지구유적발굴조사 보고」『한국고고학보』3. 1977.
김정학, 「광주 가락리 주거지 발굴 보고」『고문화』2, 한국대학박물관협회, 1963.
김재원, 윤무병,『 한국지석묘연구 』, 국립박물관, 1967.
이형구, 『강화도 내가면 오상리 고인돌무덤 발굴조사 보고서』, 선문대학교 고고연구소, 2002.
이형구, 『강화도의 역사와 문화』, 새녘, 2017.
임병태, 「역삼동 주거지 발굴보고」『한국 청동기문화의 연구』, 학연문화사, 1996.
이형구, 「춘천 중도의 고대 공동체사회」『한국고대사탐구』21, 2015.
문화재청, '춘천 중도유적 보도자료', 2014. 7. 28.
이형구,「발해연안 빗살무늬토기문화의 연구」『한국사학』10, 1989.
王立新, 「中國東北地區所見的珍珠紋陶器」『邊疆考古研究』2, 科學出版社, 1989.
이동영 · 김주용, 「지질환경조사」『일산 신도시 개발지역 학술조사보고』Ⅰ,한국선사문화연구소, 1992.
이의항, 「청동기시대 춘천 지방의 자연환경과 농업」『한국지역지리학회지』 9-4, 2003.
황상일 · 윤순옥, 「울산시 황성동 세죽해안의 Holocene중기 환경변화와 인간생활」『한국고고학보』, 2002.
최종혁, 「우리나라의 청동기시대 패총」『한국의 조개더미(패총) 유적』, 한국문화재조사기관협의회, 2010.
최종모, 「강원 지역 신석기시대 · 청동기시대의 마을과 도시」『중부고고학회 정기학술대회 논문집』, 중부고고학회, 2013.
陳星燦 저 심재훈 역, 『중국 고대국가의 형성』, 학연문화사, 2006.
서울대학교 고고인류학과, 『흔암리』Ⅰ.Ⅱ.Ⅲ.Ⅳ, 1973~1977.

Abstract

The relationship between the sea level rise and the Bronze Age Culture of Yeoksam-dong

Lee Hyeong-Koo
Endowed-Chair Professor SUN MOON UNIVERSITY

The Neolithic mankind of the Han River has lived for a long time using the comb-shaped earthenware under natural conditions. In the late Neolithic era, as the sea level rose due to climate change, the mankind of the downstream of Han River was not able to find a new natural environment. The only way was to go up to highlands or to the upper region of Han river. The representative ruins are the remains of Yeoksam-dong, Seoul.

In the Amsa-dong ruins or Ha-nam Misari ruins of the Han river basin, the shape of the bowl of typical V-shape comb-shaped earthenware changes into rounded shape or flat floor shaped earthenware. This phenomenon is caused by the rise of sea level. The people who have lost the sandy ground created a round shape or flat floor shaped earthenware that easily stands on the flat land. As the sea level rises, the alluvial layer is gradually lost. When it becomes difficult to collect the clay, the amount of sand and mica increases. The bowl surface of the earthenware becomes too rough that it becomes inadequate to engrave the comb pattern on the front. So they graved simple patterns or added clay on the surface of the earthenware for decoration.

In the late Neolithic era, as the sea level rose, the mankind of the Han River gradually migrated to the hill, and the remains of this period were mostly distributed on the hill. This is the period when the sea level of the west coast begins to rise, and it is a transitional period from the Neolithic to the Bronze Age.

The C14 measurement of the KC-11 residence of the Misari ruins was measured to be 3360 ± 40, and the time of the remains of the Misari is generally chronicled as before 3100BP.

The cultural characteristic of this period can be nominated as 'Misari type earthenware' but it can be also called as 'Misari culture' or 'transitional culture' in a broader sense.

The remains of Garak-dong -one of the most famous Bronze Age ruins in the next period of the Misari relics of the Han River basin- are located in the Ansan Hillside, 40m above sea level near Songpa-Naru(ferry), south of Han River. Yeoksam-dong (now changed to Dogok-dong) in Gangnam-gu are another representative ruins. These ruins are located at 36 meters above sea level from Mt. Mabong (96m above sea level) to the south of the Han River. The Garak-dong and Yeoksam-dong ruins are not only representative relics of the Bronze Age of Seoul, but also are typical relics of the Korean Bronze Age. It should be noted that all of these remains are located at 36 to 40 meters above sea level.

In the Bronze Age, when the watersheds below the Han River were submerged, they moved to the upper reaches of the Han River and formed a community for collective living. In the basin of the North Han River, Jung-do(island) of Chuncheon-city is the representative site, and the ruins are located at 72-74m above sea level. The relics of Yeoju Heunamri, which is the representative of the South Han River basin, are located at 122.7m above sea level.

Within the Chuncheon Basin of Gangwon Province, the remains of the Bronze Age are distributed in large areas in 10 different areas. The representative group is the Jung-do ruins inside the Uiam dam. About 10 groups are located at a distance of 10km from the Jung-do ruins.

During the transitional period from the Neolithic to the Bronze Age, the soil was not soft enough to grave patterns on the surface of the earthenware, so they made holes instead. It is not a function to put a string, but a pattern to decorate the earthenware. It is called the hole pattern earthenware. In the Bronze Age, after the transitional period, there are many earthenware with no patterns at all. Accordingly, the Bronze Age is also called the 'patterenless earthenware era'. This is one aspect of culture that adapts to climate and natural environment. The main characteristic of the Bronze Age culture is that the people who made and used it did not emigrate from the Siberia and drove the people of the Neolithic Age to dominate the Korean peninsula. Instead, the people from the Neolithic age oriented themselves to the climate and natural environment.

This phenomenon is a type of transition from the Neolithic period to the Bronze Age. There is a theory of the ancient culture that Korea's Neolithic culture disappears somewhere and the Bronze Age culture comes down from the north, spreading to Korea. But it is more natural that the ancient culture of our country has passed from the Neolithic period to the Bronze Age through the transitional period.

In the late Neolithic era, as the sea level rises, the bottom of the bowl begins to turn into a flat bottom earthenware that can be placed on a hard floor. In Misari, it is only observed in the houses of the early Bronze Age. Perhaps the rise of the sea level in the West Sea and the rise of the Han River led the people from the downstream of Han River to move. Some moved up to the hillsides of the Han River basin and most of them moved to the upper reaches of the Han River.

The hillside district of the southern part of Han River where the people moved to are; Ansan mountain(40m above sea level) of Songpa-Gu Garak-dong, Maebong mountain(96m above sea level) of Gangnam-gu Yeoksam-dong, Goduk mountain (79.6m above sea level). The north of the Han River there is a hill (80m above sea level) of Namyangju Suseok-dong, Gyeonggi-do. The most famous remains among them are located in Maebong mountain of Gangnam-gu Yeoksam-dong.

We studied the process of the transition from the comb-shaped earthenware of the Neolithic period to the earthenware of the transitional period and continued to the patternless earthenware of the Bronze Age. And we estimated that the Neolithic and Bronze Age were not a replacement by any cause, but an aspect of transitional periods that adapted the changes of natural environment.

The transitional period, round-bottomed earthenware of the transitional period shows the process of passing from the Neolithic to the Bronze Age earthenware. In short, it can be called as 'Misari-type earthenware' or 'Misari-type earthenware period'.

After the transitional period, there are gradually more and more patternless earthenware. This period is soon called 'the era of the patternless earthenware.' We call the transitional period and the patternless earthenware period the so - called 'Bronze Age'.

According to some reports, temperatures between 8.000 and 5.000 BP have increased and the climate has reached the present level. It is said that the temperature is slightly lowered from 5.000 to 3.800 BP and the sea is backing off. It shows the it was a cold climate at 4.000BP and a warmer climate at 3.500BP. The period of 3.500 ~ 3000BP is the time of the Bronze Age. When the sea level rose, the river basin of Han River submerged. The people who lived in the plains must have moved to the hillside to live.

Changes in the natural environment due to climate change lead to a change in human life. It evolves into creative development that adapts to the environment. It is influenced from the outside by the marine activity.

In the late Bronze Age, when the sea level goes down again due to another climate change, people in the Chuncheon area returns to the downstream area of Han River. The evidence is the emergence of the 'Joong-do earthenware' of the Han River. Would it be said in the old history book 'Chong-sen-wang-geo(從先王居)', which means, “They return to the area where the old good lived.”

Although this study is a big subject, many researches are expected to be done in the future. The author mentions the rise of sea level in the Bronze Age era, but was not able to have a full discussion and had to take it immediately to the book. The process of returning to the area where the old ancestor lived was also to be continued, but had no choice but to pledge as a follow-up work. I ask for understandings and critics for this.

이형구(李亨求) 교수 약력

현임

선문대학교 석좌교수
동양고고학연구소 대표
서울문화사학회 부회장

학력

중동고등학교 졸업 (1962)
홍익대학교 졸업 (1966)
국립대만대학교 대학원 고고인류학과 졸업 문학석사 (1978)
국립대만대학교 대학원 역사학과 졸업 문학박사 (1987)

경력

전) 대만 고궁박물원 객원연구원 (1975 ~ 1981)
전) 대만 중앙연구원 역사어언연구소 방문학인 (1986 ~ 1987)
전) 중국 북경대학교 고고학과 객좌교수 (1994)
전) 문화체육관광부 문화재전문위원 (사적분과,1977 ~ 2007, 30년 근속)
전) 문화재청 문화재위원 (사적분과,2007 ~ 2009)
전) 경기도 문화재위원 (1990 ~ 2000)
전) 인천시 문화재위원 (1995 ~ 2012) 및 문화재위원회 위원장
전) 한국정신문화연구원 (현 한국학중앙연구원) 역사연구실 교수 (1979 ~ 1995)
자료조사실장 (1984 ~ 1995)
한국학대학원 교수 (1982 ~ 1995)
전) 선문대학교 역사학과 교수(1996 ~ 2009). 고고연구소장 . 중앙도서관장
선문대학교 대학원장 (2004 ~ 2006)
전) 한성백제박물관 건립추진위원 (2000 ~ 2012)
전) 단군학회 회장(2008~2009)
전) 고조선단군학회장 (2010 ~ 2912)

주요저서

『중국동북신석기시대급청동기시대지문화』, 국립대만대학 석사논문, 1978.

『발해연안 고대문화의 연구』, 국립대만대학 박사논문, 1987.

『광개토대왕릉비 신연구』 (박노희 공저) , 동화출판사, 1986. (문화부 우수도서)

『한국고대문화의 기원』, 까치, 1991. (비소설부분 베스트셀러)

『강화도 고인돌무덤 [지석묘] 조사연구』, 한국정신문화연구원, 1992.

『강화도』, 대원사, 1994.

『단군을 찾아서』(편저) , 살림터, 1994.

『단군과 단군조선』(편저) , 살림터, 1995.

『한국의 암각화』 (공저) , 한길사, 1996.

『서울 풍납토성[백제왕성] 실측조사연구』, 백제문화개발연구원, 1997.

『단군과 고조선』 (편저) , 살림터, 1999.

『강화도 오상리 고인돌무덤 발굴조사』, 선문대학교 고고연구소, 2002.

『백제의 도성』, 주류성, 2004.

『한국고대문화의 비밀』, 김영사, 2004.

『계양산성 발굴조사』, 선문대학교 고고연구소, 2008.

『코리안 루트를 찾아서』 (이기환 공저) , 성안당, 2009. (문화재청장 추천도서)

『고려왕조의 꿈 강화 눈 뜨다』 (김진국 공저) , 이너스, 2011.

『한국고대문화의 비밀』, 새녘출판사, 2012.

『광개토대왕릉비』 (박노희 공저) , 새녘출판사, 2014.

『발해연안문명』, 상생출판사, 2015.

『미국 서부의 암각화와 만나다』, 민속원, 2015. (문화체육부 2015 세종도서)

『춘천 중도 유적 보존을 위한 白書』, ebook, 새녘출판사, 2015.

『강화도의 역사와 문화』, 새녘출판사, 2017.

번역서

『갑골학 60년』 (董作賓 저), 민음사, 1993. (한국일보주관 출판문화상 번역부분 후보작)

외국어 저서

『韓國古代文化的起源』 (강의록) , 중국 북경대학, 1994.

『中韓古代文化之關係』 (강의록) , 중국 북경대학, 1994.

『朝鮮古代文化の起源』, 일본 웅산각, 1995.

서울 강남의 옛 문화

역삼동 주거지의 원위치 탐사

–해수면(海水面) 상승(上昇)과 청동기시대문화와의 관계–

발행일

2017년 11월 20일

발행인

이 형 구

인쇄

태양출판사
133-834 서울시 성동구 성수이로 147
TEL 02-462-5311

ISBN

979-11-88173-02-0

※이 도서의 국립중앙도서관 출판예정도서목록(CIP)은 서지정보유통지원시스템 홈페이지(http://seoji.nl.go.kr)와 국가자료공동목록시스템(http://www.nl.go.kr/kolisnet)에서 이용하실 수 있습니다.(CIP제어번호: CIP2017030308)